国家技能型紧缺人才培养培训工程系列教材
中等职业教育课程改革规划新教材

集装箱运输与多式联运实务

刘雪梅 编

机械工业出版社

本书是以教育部、劳动部、中国物资与采购联合会颁发的《中等职业学校物流专业紧缺人才培养培训教学指导方案》为指导，以行动导向课程模式为主旨编写的。系统地论述了集装箱与国际多式联运的理论与实务，突出介绍集装箱与国际多式联运管理的具体操作实务，充分体现实用性与可操作性的特点。主要内容包括绪论、集装箱箱务管理、集装箱码头业务、集装箱货运站管理、集装箱多种运输方式、集装箱多式联运组织与管理、国际集装箱国际多式联运提单、国际集装箱多式联运进出口货运业务、国际集装箱多式联运运价、国际集装箱多式联运货损事故处理与保险等。

本书既可以作为中等职业学校物流管理专业的必修课教材，也可作为经济类、贸易类、交通类等专业学生必修或选修的专业基础课教材，亦可作为流通领域从业人员的业务培训教材及从业人员参考用书。

图书在版编目（CIP）数据

集装箱运输与多式联运实务/刘雪梅编．—北京：机械工业出版社，2011.5
（2024.7 重印）
国家技能型紧缺人才培养培训工程系列教材　中等职业教育课程改革规划新教材
ISBN 978-7-111-34137-6

Ⅰ．①集…　Ⅱ．①刘…　Ⅲ．①集装箱运输：联合运输—中等专业学校—教材　Ⅳ．①U169

中国版本图书馆 CIP 数据核字（2011）第 064762 号

机械工业出版社（北京市百万庄大街 22 号　邮政编码 100037）
策划编辑：聂志磊　　责任编辑：聂志磊　陈崇昱
封面设计：陈　沛　　责任印制：单爱军
北京中科印刷有限公司印刷
2024 年 7 月第 1 版·第 8 次印刷
184mm×260mm·11.25 印张·275 千字
标准书号：ISBN 978-7-111-34137-6
定价：29.00 元

电话服务　　　　　　　　　　　网络服务
客服电话：010-88361066　　　　机　工　官　网：www.cmpbook.com
　　　　　010-88379833　　　　机　工　官　博：weibo.com/cmp1952
　　　　　010-68326294　　　　金　书　网：www.golden-book.com
封底无防伪标均为盗版　　　　　机工教育服务网：www.cmpedu.com

序

　　为落实以就业为导向、以服务为宗旨的职业教育办学方针，树立工作过程导向的课程观、行动导向的教学观、多元智能的人才观及多元评价的质量观，实现以服务社会主义现代化建设为宗旨，培养适应经济社会发展需要的，具有良好的职业道德、职业素质以及在生产、服务第一线工作的熟练的职业技能和职业能力的技能型人才的培养目标，机械工业出版社联合多所中等职业学校组织修订了这套物流专业系列教材。

　　本套教材力求落实物流专业培养目标与人才规格，提出了"紧紧围绕培养物流管理操作型人才这一核心，以最先进的职教理论和课程理论为指导，占领中等职业教育的制高点，紧贴物流职业领域的实际，使教材的编写经得起时间的考验"的指导思想。

　　本套教材编写的基本思路是：①打破学科体系，以培养职业能力、提高职业素质为核心，构建以工作过程为导向、理论与实践一体化、专业教学标准与职业资格标准相融合的职业教育课程体系。②专业基础课程以综合课程为主，专业课程（实务）以行动导向课程为主。③综合课程与职业资格取证挂钩。④加强实践、实训课程建设。⑤既能适应学历教育的需要，又能满足职业培训的需要。

　　本套教材的主要特点为：①以现代职业教育课程理论为指导，体现"以全面素质为基础，以就业为导向，以能力为本位，以学生为主体"的职教课程改革指导思想。②反映物流行业现实的特点和发展的需求，从职业岗位需求出发，以职业能力和技能培养为核心，既反映物流业现实的需要，又具有超前性，体现新知识、新技术、新工艺、新方法的应用。③体现学生自主学习、探究学习、合作学习和教学方法、学习方法的改革。④体现对职业能力评价等评价方式的改革。⑤体现现代职业教育教学手段，编写形式新颖多样、图文并茂、生动活泼、简洁直观，有助于学生理解。

　　本套教材分为综合型课程教材和行动导向型课程教材。

　　综合型课程教材的编写力争实现以下要求：①课程目标既要明确知识点，更要突出能力点。②课程内容主要是"是什么"和"怎么样"。③教学方式采用案例教学、情境教学和实践教学等手段，使学生在学习过程中做到动脑、动口、动手。④在教学方法上，为探究式学习、合作式学习留出充分的时间。⑤评价方式多采用开卷考试、口试、实操考核、"课业"考核、阶段考核和过程考核等考核方式。

　　行动导向型课程教材是本套系列教材的特色，主要体现在：①以运输、仓储、配送、采购、物流营销、物流信息管理等物流结点的主要工作流程为线索。②以上述各个工作流程中的不同操作环节所需要的能力、技能以及相关知识为蓝本。③以能力培养为主线。④以创建行动学习环境，组织学生动手操作、主动探索为教学模式。⑤以培养学生物流业务能力和综合职业素质为目标。

　　物流专业行动导向型课程由若干项工作任务组成，每一项工作任务都包含了对某一个工作环节操作能力的培养。本套教材为每项工作任务设置了任务描述、任务目标、情景导入、知识

储备、教师演示、学生动手、举一反三和学习评价八个栏目，对课程的教学给予了明确的指导。

对于物流专业行动导向型课程的教学，建议采用以下教学模式：

模式一：基础实训模式

1）教师指导学生明确教学目标和实训要求。

2）教师指导学生明确实训的任务、方法和步骤。

3）学生准备相关材料和必备的知识（教师辅导）。

4）学生按照实训内容进行操作训练（教师辅导）。

5）学习评价。

模式二：角色实训模式

1）教师提出问题，并向学生介绍和展示问题情景，指导学生明确教学目标和实训要求。

2）按某一类型的物流企业组织结构组织学生以小组为单位分别担任不同职务（扮演不同角色），并研究角色的职责和任务。

3）角色扮演者根据角色扮演设计方案分别进行课堂现场展示，还可进行角色互换。

4）学习评价。

模式三：项目实训模式

1）教师布置学习任务，指导学生明确学习目标和实训要求，帮助学生理解任务。

2）教师提供相关参考资料，各项目小组进行调查研究、查阅资料、获取信息，作必要的知识和技能准备。

3）各项目小组合作学习，制定工作计划。

4）根据项目小组制定的计划提出各种方案，经过讨论确立本项目的最佳实施方案。

5）组织项目实施，教师作示范，学生观看；学生根据计划完成任务，教师观看、指导。

6）学生在完成项目的过程中自己检查工作过程及结果，出现问题时随时请教师或同学帮助解决。

7）学生完成项目后对成果进行展示与自我评价，同时对其他同学项目完成情况提出问题，互相交流。教师对学生在整个学习过程中的表现予以评价，对出现的问题给予纠正。

根据物流企业的现实情况，建议将行动导向型课程的操作训练方式分为两种：①手工操作，如手工填制各种单证。②结合物流信息管理系统上机操作，如在仓储信息管理系统中完成各仓储管理岗位的操作。

行动导向型课程建设需要教学管理的改革与之配套，如在教学安排上，可以在传统的"两课时一个教学单元"和"一课时一个教学单元"的基础上，采用"一天一个教学单元"和"一周一个教学单元"两种形式；又如在学习评价上，采用过程评价、能力评价的评价方式，在等级评价上，主要采用优秀、合格和不合格的等级体系。

本套教材中的许多探索还只是初步的，肯定还有许多不完善的地方，敬请同仁们多提宝贵意见。

中等职业教育课程改革规划新教材编审委员会

前 言

随着世界经济和国际贸易的不断发展，集装箱货物运输和集装箱货物多式联运已成为国际贸易运输中的主要运输组织形式。现代化的集装箱运输热潮已经遍及全球，各国都把集装箱运输的普及和发展看做本国货物运输现代化进程的标志。尤其是经过几十年的发展，软硬件成套技术臻于成熟，集装箱运输将各种运输方式组织起来，形成多式联运网络，实现了"门到门"的国际集装箱多式联运。

本书根据当前集装箱多式联运的实际工作以及物流管理专业对学习本课程内容的需要，着重在集装箱箱务管理、集装箱码头业务、集装箱货运站管理、集装箱多种运输方式、集装箱多式联运组织与管理、国际集装箱国际多式联运提单、国际集装箱多式联运进出口货运业务、国际集装箱多式联运运价、国际集装箱多式联运货损事故处理与保险等方面详细阐述了有关知识要点以及在实际运作过程中的做法，内容力求做到简明、实用、丰富、科学、先进。

本书的主要特点：

1）突出"体验式教材编写理念"。让学生在真实或模拟的环境中获得亲身体验和感受，通过反思、总结实践性成果，在真实、立体的环境中提升实际操作能力。

2）实用性原则。以就业为导向，满足社会和相应职业对人才的需求，体现人才层次的特点。以综合职业素质和职业能力为本位，体现职业学校的特色，实现了理论知识与实际业务的"零距离"结合。

3）可操作性原则。学生具体操作所选择的材料及难度适中，贴近学生的水平和兴趣。指令清晰，能让学生明白完成任务的步骤以及可能用到的知识与技巧，评价成果更注重实际效果，明确具体，简便易行。

本书在编写过程中参考了许多同类书籍，在此对有关作者表示诚挚的感谢！

由于编者水平和经验所限，书中难免有不妥之处，恳请读者批评指正。

编 者

目 录

序
前言

第一单元 绪论 1
 任务一 了解集装箱运输与多式联运的产生与发展 1
 任务二 掌握集装箱运输与多式联运的特点 6

第二单元 集装箱箱务管理 13
 任务一 掌握集装箱的定义、类型、标准及标志 13
 任务二 熟悉集装箱箱务管理业务 20
 任务三 了解集装箱租赁业务 24
 任务四 如何实现集装箱箱务管理的现代化 28

第三单元 集装箱码头业务 32
 任务一 认识集装箱码头及装卸设备 32
 任务二 学会集装箱码头进出口作业流程与操作 38
 任务三 掌握集装箱码头堆场管理 44

第四单元 集装箱货运站管理 49
 任务一 了解集装箱货运站业务 49
 任务二 掌握货物在集装箱内的装载 52

第五单元 集装箱多种运输方式 59
 任务一 认识水路集装箱运输业务 59
 任务二 认识公路集装箱运输业务 64
 任务三 认识铁路集装箱运输业务 68
 任务四 了解航空集装箱运输业务 74

第六单元 集装箱多式联运组织与管理 80
 任务一 认识集装箱国际多式联运组织 80
 任务二 掌握国际多式联运合同与多式联运经营人的内涵 88
 任务三 掌握国际多式联运经营人的服务范围和法律责任 96

第七单元 国际集装箱多式联运提单 104
 任务一 了解提单 104
 任务二 了解集装箱运输提单 110
 任务三 了解国际多式联运提单 116

第八单元　国际集装箱多式联运进出口货运业务 121
　　任务一　了解国际集装箱多式联运出口货运业务 121
　　任务二　了解国际集装箱多式联运进口货运业务 127

第九单元　国际集装箱多式联运运价 133
　　任务一　掌握国际集装箱多式联运运费的基本结构 133
　　任务二　掌握海运运价 140
　　任务三　掌握集装箱内陆运价 146

第十单元　国际集装箱多式联运货损事故处理与保险 152
　　任务一　掌握索赔与保险理赔的原则 152
　　任务二　了解货损事故处理 157
　　任务三　了解国际集装箱多式联运保险 165

参考文献 171

第一单元　绪论

任务一　了解集装箱运输与多式联运的产生与发展

 任务描述

自集装箱出现以来，大约经历了半个世纪，从硬件开发的集装箱化时代开始，经过联运体系的软件开发时代，现在已进入真正的国际多式联运时代。在经历了数十年的岁月之后，终于确立了以国际多式联运体系为联运方式的概念。

 任务目标

1. 系统地了解集装箱运输的发展历程。
2. 深入体会国际多式联运产生的背景与形成原因。
3. 了解我国国际多式联运的发展现状以及未来的发展趋势。

 情景导入

20世纪90年代，我国在沿海港口集装箱服务能力和服务水平不断提升的同时，集装箱综合运输体系也在逐步完善。随着近年来内河集装箱运输的发展，长江干线和长江三角洲地区以及珠江干线和珠江三角洲地区已经逐步形成沟通我国东、中、西部的集装箱运输大通道，并充分利用现代化信息技术及先进技术设备与装备、中转站、堆场等基础设施，以促进我国铁路、港口、海运、内河、公路集装箱运输多种运输方式的有效衔接，这些都大大加快了我国集装箱多式联运的发展，特别是配合了党的"西部大开发"和"东北老工业基地振兴"政策，促进了内地经济繁荣，开拓了多式联运业务伙伴及服务网络。

 知识储备

一、集装箱运输的形成与发展

1. 集装箱运输的发展过程

集装箱运输是指以集装箱这种大型容器为载体，将货物集合组装成集装单元，以便在现

代流通领域内运用大型装卸机械和大型载运车辆进行装卸、搬运作业和完成运输任务，从而更好地实现货物"门到门"运输的一种新型、高效率和高效益的运输方式。集装箱运输虽然是一种现代化的运输方式，但其发展却经历了漫长的过程。集装箱运输的发展可分为以下几个阶段：

1）集装箱运输发展的初始阶段（19世纪初—1966年），集装箱运输起源于英国。早在1801年，英国的詹姆斯·安德森博士已经提出将货物装入集装箱进行运输的构想。1845年英国铁路曾使用载货车厢互相交换的方式，视车厢为集装箱，使集装箱运输的构想得到初步应用。19世纪中叶，在英国的兰开夏已出现运输棉纱和棉布的一种带活动框架的载货工具，这便是集装箱的雏形。

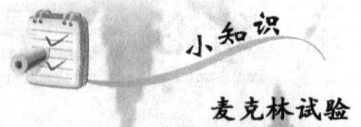

小知识

麦克林试验

到了20世纪50年代后期，集装箱运输从陆上运输发展到了海上运输。最早提出在一个经营人的组织管理下实现陆海联运设想并付诸实施的是当时美国泛大西洋公司的新老板麦克林。他认为，要充分发挥集装箱运输的优越性，不仅要在各方式中使用集装箱技术，而且必须使不同方式协调合作，综合组织起来。因此，在1955年1月他收购了泛大西洋公司后就开始策划和组织集装箱陆海联运的试验。

2）集装箱运输的发展阶段（1967年—1983年），集装箱运输的优越性越来越被人们承认，以海上运输为主导的国际集装箱运输发展迅速，1970年约有23万TEU（TEU是英文Twenty-feet Equivalent Unit 的缩写，也称国际标准单位，通常用来表示船舶装载集装箱的能力，也是集装箱和港口吞吐量的重要统计和换算单位），1983年达到208万TEU，是世界交通运输进入集装箱化时代的关键时期。集装箱船舶的行踪已遍布全球范围。

3）集装箱运输的成熟阶段（1984年以后），集装箱运输又重新走上稳定发展的道路。目前，发达国家杂货运输的集装箱化程度已超过80%。集装箱运输已遍及世界上所有的海运国家，随着集装箱运输进入成熟阶段。世界海运货物的集装箱化已成为不可阻挡的发展趋势。集装箱运输进入成熟阶段的特征主要表现在硬件与软件的成套技术趋于完善和开始进入多式联运和"门到门"运输阶段两个方面。

2. 集装箱运输在我国的发展

我国大陆的集装箱运输起步于1973年，是从港口接卸集装箱开始的。我国港口集装箱运输大致经历了酝酿、起步、快速发展和全面发展四个阶段。从目前我国集装箱运输的发展程度来看，沿海地区远远好于内陆地区，水路运输远远好于公路运输和铁路运输。集装箱运输在我国中、西部经济相对落后的地区发展得还很缓慢，有很多地区还从来没有过集装箱的踪迹。与发达国家纵横交错的集装箱多式联运相比，我国集装箱运输尚存在非常大的差距。

集装箱运输高效的优势表现在它是一种"门到门"的运输组织。我国有很多地区集疏运能力差，集装箱根本不可能运到"门"，只能中途拆箱，那么"门到门"运输的优势就无法发挥。可是随着我国经济的良性增长，大大刺激了物流量的增长，促使运输量增加，运输货物结构变化，促进集装箱运输的发展。加之我国国力上升，加大了对基础设施投资的力度，使集装箱运输发展的客观基础加强。

**资料卡**

1）1973年9月，"渤海一号"轮由日本神户装载小型集装箱驶抵天津港，天津港成为我国最早从事集装箱业务的港口。

2）1978年9月26日，上海远洋运输公司"平乡城"轮装载162个集装箱由上海出发开往澳大利亚，开辟了我国第一条国际集装箱班轮航线。

3）1980年，我国第一个集装箱专业化码头在天津港21段泊位建成投产，开启了我国专业化集装箱港口发展的序幕。

4）2007年8月9日，10 000TEU集装箱船"中远亚洲"轮在天津港首航欧洲，它是我国当时最大的集装箱船舶。

5）2007年11月28日，我国大陆港口集装箱年吞吐量突破1亿标准箱起吊仪式在天津港隆重举行。

6）2008年年底，我国大陆港口集装箱吞吐量连续6年保持世界第一。

2003年2月，联合国亚太经济社会委员会发表的一份报告指出，随着中国经济持续而强劲的发展，将加强中国在全球贸易中制造商角色的重要性。预计到2011年，我国的港口集装箱吞吐量将以平均每年12%的速度增长，我国将成为进出口贸易中全球集装箱流通量最大的市场。这为我国港口集装箱吞吐能力持续增长打下了坚实的基础。

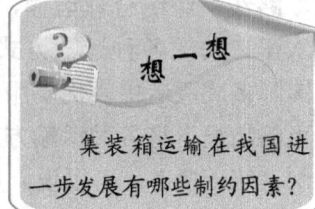
想一想
集装箱运输在我国进一步发展有哪些制约因素？

二、国际多式联运的形成与发展

1. 货物流通过程的变化

在经济高速发展的时代里，任何一个国家所面临和关心的主要问题是如何降低单位生产成本，提高经济效能，扩大销售市场，使商品生产多样化，满足市场的需要。因此，要求尽量节省流通过程中的劳动消耗，最大限度地降低流通费用。流通过程的主要环节有包装、储存、运输、装卸，虽然每一环节都在进行不断改革，但只有在出现集装箱的多式联运之后，才能使流通的过程发生了革命性的变化。

小知识

1）由制铁业和蒸汽机的发明带来的蒸汽船、蒸汽机车的出现是第一次运输革命的标志。

2）由内燃机的发明带来的汽车、飞机的出现，则是第二次运输革命的开始。

3）如果将第一次、第二次运输革命所使用的运输方式结合起来，则可以说，这是第三次运输革命，即国际多式联运。

2. 货物运输方式的变化

集装箱运输的产生不仅对运输业本身，而且对与运输业有关的其他工业部门也带来了很大的变化。集装箱运输由海上向两端陆上延伸发展到国际多式联运，最终实现"门到门"运输。

通过电子计算机处理订舱业务和编制各种货运单证，从而实现对海上运输、集装箱维修、保养和内陆运输控制的一体化管理。科学技术的发展，无疑又使传统的交通运输方式得以改变，经济效益得到提高，从而进一步促进了国际多式联运的发展。

3. 货物贸易结构的变化

在信息社会高度发展的情况下，信息不受任何行业、区域、国界的限制，只要掌握信息并能提供货主所需要的优质服务，即使不拥有硬件（运输工具），也可以通过软件（信息、市场经营）控制硬件。因而，在国际多式联运下，无船承运人、国际货运代理人等不断涌现。

资料卡

世界各国货运方式的发展：
1）1880年，美国正式试制了第一艘内河用的集装箱船，在密西西比河试航。
2）1900年，英国铁路正式使用简易的集装箱。
3）1917年，美国在铁路上试行集装箱运输。
4）1926年，德国出现了集装箱运输。
5）1928年，法国开始集装箱运输。
6）随后，日本和意大利等国也相继试行集装箱运输。

4. 经营方式的变化

由于开展了国际多式联运，打破了行业界限，各承运人可选择最佳运输方式、路线，组织合理运输，提高运输组织水平，协调各种运输方式的衔接。通过国际多式联运提供优质服务，方便了货主。货主只需要指定交货地点，运输经营人在条件许可的情况下将各种运输方式组合起来，设定最佳运输路线，提供统一货运单证、统一责任限制、统一费率。可以说，货主对多式联运的需求日益高涨，他们与国际运输业者一起极力促进国际多式联运的发展。

三、我国国际多式联运的现状

1. 我国国际集装箱多式联运的发展概况

国际货物多式联运早已存在，但一直发展缓慢，只是近30年来在集装箱运输大发展后，才促使多式联运在世界范围内有了长足的进步，国际集装箱多式联运成为国际货物多式联运的主要形式。集装箱运输本身就是多种运输方式的联合运输，而多式联运是国际集装箱联运的高级形式。当今世界上，国际集装箱运输已进入多式联运的时代。我国国际集装箱运输从20世纪70年代起步，80年代夯实基础，90年代全面进入发展时期，但集装箱运输始终处于分段运输阶段，国际集装箱多式联运尚处于发展初期。为了扩大服务范围，开展多式联运和"门到门"运输服务，提高对货主的服务水平，需要大力发展国际集装箱多式联运，因此迫切需要制定管理规则来规范市场秩序，促进国际集装箱多式联运健康有序地发展。

2. 我国国际集装箱多式联运的现状和主要问题

当前，在我国国际集装箱联运中存在分段运输、国际联运、国际多式联运三种运输组织形式，其中分段运输的运量占我国国际集装箱运输总量的90%以上。国际集装箱中转站在港口腹地设置过剩和内陆站点数量严重不足形成极大反差。作为各种运输方式连接点的国际集装箱中转站,在我国已初步形成了以沿海大中城市港口为枢纽,并向内陆延伸的扇面集、疏运网络。但由于中转站被集中设置在港口及其腹地,出现了与社会实际需求相脱节和运力过剩的现象,导致这些中转站建成后实际运量严重不足的状况。而在内陆地区,由于内陆口岸发展迟缓,在其数量及布局上与我国广大地区多式联运的发展存在较大差距。集装箱运输的一个主要特点是多式联运的"门到门"运输,以解决规模化运输与零放托运之间的矛盾,并真正发挥集装箱运输的诸多优点。但在我国,"门到门"运输困难重重。因为在追求集装箱运输的专业化和规模化的情况下,难以将集装箱运输的触角直接伸向货源点和收货终点的末梢,使得许多原本可以采用集装箱运输的货源不得不仍采用散件运输。

主要问题表现在以下几个方面:

1) 部门分割、政出多门、业务交叉。

2) 海关手续复杂,海关监管点不足,延长了运输时间,增加了费用。

3) 没有制定国际集装箱多式联运运价和运费率,导致不合理收费且缺乏透明度。

4) 法规体系不完善,不同部门的规定重复、矛盾,而且有些规定缺乏可操作性。

5) 信息系统不完善,导致地区与地区海关、部门与部门、各运输环节之间信息传递不及时;同时,信息技术应用发展不平衡。

6) 基础设施比较薄弱。

7) 国际集装箱多式联运中环节多、单证多、单证流程复杂。

小知识

我国国际集装箱多式联运发展应采取的策略:

1) 实行准点运输,提高交货准点率。

2) 抢抓投资机遇,扩大经营范围。

3) 适应国际市场需求发展势态,增强联运企业经营的柔性。

4) 抢抓联合发展,及时加强协作关系。

5) 提高服务素质,注重市场营销。

6) 改变管理战略,在竞争中求发展。

对于我国的国际集装箱多式联运企业而言,只有管理模式和经营机制适应了市场竞争,合理配置并充分利用了现有经营管理资源,引入科技新成果并充分利用科技人才,提供国际贸易所需的优质服务并形成服务优势,其所拥有的资产才能真正成为竞争实力,才能在日益发展的国际集装箱运输市场中生存发展。

教师演示

第一步:搜集材料,了解我国及发达国家的集装箱运输与多式联运的发展现状及未来趋势。

第二步:组织学生讨论我国集装箱运输与多式联运的现状,探讨还存在哪些问题及不足。

学生动手

第一步:查资料,获取我国及发达国家的集装箱运输与多式联运的发展现状及未来趋势等信息。

第二步:举例说明我国集装箱运输与多式联运发展现状及存在的不足,带着问题在今后的学习中不断思考,逐步找到答案。

举一反三

1. 请你上网查一查发达国家集装箱运输与多式联运的发展现状。
2. 试述集装箱运输的形成与发展。
3. 试述国际多式联运的形成与发展。

学习评价

被考评人					
考评地点					
考评内容		了解集装箱运输与多式联运沿革			
考评标准	内容	分值/分	自我评价/分	小组评议/分	实际得分/分
	调查内容完整	30			
	查阅资料的内容正确、完整	30			
	对问题理解的深度	20			
	讨论时发言的情况	20			
	合　计	100			

注：1. 实际得分=自我评价40%+小组评议60%。
　　2. 考评满分为100分，60～74分为及格；75～84分为良好；85分以上为优秀（包括85分）。

任务二　掌握集装箱运输与多式联运的特点

任务描述

现代集装箱运输是把集装箱作为运输包装和基本运输单元，使货物成组化，并在运输过程中采用专用的现代化装卸设备、运输工具等在集装箱运输系统中开展的运输。尽管仅有40多年时间的发展，但现代集装箱运输对交通运输业产生了深远的影响，并引起了一场革命性的变化，这些变化主要是由集装箱运输与多式联运的特点所决定的。

任务目标

1. 明确集装箱运输与多式联运的特点。
2. 深入探究我国集装箱运输与多式联运的特性。
3. 掌握集装箱多式联运的特点。

第一单元　绪论

 情景导入

2009年7月28日，上海浦东新区公布的《浦东新区推进上海国际航运中心核心功能区建设实施意见》指出："加强基础设施建设，优化多式联运集疏运体系。配套完善区域内多式联运网络建设。加快推进浦东铁路、内河港池、河西港区、赵家沟航道、大芦线航道、高速公路网络等基础设施建设，形成海、空、铁路、内河、公路等全方位、立体式交通网络，优化浦东现代航运的集疏运体系，增强浦东综合运输能力。"到目前为止，在国际贸易中用集装箱运输的货物（件杂货）已达到80%以上，在发达国家和主要航线上已基本实现了件杂货物的集装箱化。

 知识储备

一、集装箱运输的特点

1. 一种高效率的运输形式

集装箱运输的高效率主要体现在以下几个方面：
1）装卸速度快。
2）运载工具在港站停留时间短，营运效率高。
3）提高了港口（站）设施、设备的利用率。
4）货物的运达速度较快，货方资金周转较快。

2. 一种高质量的运输形式

集装箱具有坚固和密封的特点，在运输过程中箱内货物不易发生被盗事故，并可以有效地防止恶劣天气和环境对箱内货物的损害，因此货物破损事故大为减少。同时货物本身的包装可比传统散运形式有所简化，节省了包装费用。在多次作业和理货中大大减少了货差和丢失现象。加上前面提到的提高运达速度等优点，都说明了集装箱运输是一种高质量的运输形式。

3. 资本高度密集型的行业

集装箱运输是以集装箱运输系统为基础的。集装箱运输系统是专用的系统，包括高效率的码头、海上运输船舶、内陆集疏运系统及大量的集装箱等。这些设施设备、运输线路和集装箱都是需要大量投资的。在集装箱运输的成本结构中，固定成本在总成本中所占比例远高于传统运输。

4. 一项复杂的系统工程

"系统工程"这个词目前有两种含义：一是指大的、综合性、涉及多个方面的工程项目；二是指设计、建设和运行上述项目的一般思想和方法。集装箱运输是一项系统工程，

从上面两个意义来讲都是成立的。

首先，集装箱运输是将高效装卸的专业化码头，快速周转的运输船队，四通八达的集疏运网络，功能齐全的中转站，具有较强实力的运输经营人，遍及世界的代理网络，科学准确的信息传递和单证流转，各种运输方式综合的组织和管理，先进的经营思想，标准化的货物和技术工艺，完善的法规体系，协调工作的口岸各部门（海关、三检、理货、保险及其他运输服务等）有机地结合在一起的大规模的运输工程。其次，集装箱运输是一项高度系统化的运输工程，其整体功能的发挥依赖于上述各方面的协调发展与密切配合。

小知识

集装箱运输的发展趋势：
1）采用先进技术和手段。
2）降低运输成本。
3）缩短运输周期。
4）提高服务质量。
5）向综合服务和统一服务发展。

二、国际多式联运的特点

1）根据国际多式联运合同进行。国际多式联运合同是多式联运经营人与发货人订立的，符合多式联运条件的运输合同。该合同是以多式联运经营人签发的多式联运单证（即多式联运提单）证明的，有偿、承揽和不要式的合同。

2）多式联运的货物主要是集装箱货物或是集装箱化的货物。在运输过程中一般以集装箱作为运输的基本单元。货物集装箱化促进了多式联运的发展，而现代集装箱运输自产生时起就与多式联运紧密地联系在一起，使得国际多式联运具有集装箱运输的高效率、高质量、高投入、高技术和系统性的特点。国际多式联运的发展与集装箱运输系统，特别是集疏运系统的完善有着紧密的关系。

3）国际多式联运全程运输中至少使用两种不同的运输方式，而且是不同运输方式、不同运输区段的连续运输。

4）多式联运是一票到底，实行全程单一费率的运输发货人只要办理一次托运、一次计费、一次保险，通过一张单证即可实现从起运地到目的地的全程运输。国际多式联运具有简单化、统一化的特征。

5）多式联运是不同运输方式的综合组织。无论涉及几种运输方式，分为多少个区段，多式联运的全程运输都是由多式联运经营人完成或组织完成的，多式联运经营人要对运输的全程负责。

6）多式联运货物的全程运输，除由多式联运经营人本人承担（或不承担部分区段运输）外，多区段的运输是通过其与各区段的实际承运人订立分运（分包）合同来完成的，各区段的实际承运人对自己承担区段的货物运输负责。

7）在起运地接管货物，在最终目的地交付货物及全程运输中各区段的衔接工作，有关服务业务，由多式联运经营人在各地的分支机构（或代表）或委托的代理人完成。这些代理人及随后各项业务的第三者对自己承担的业务负责。

8）多式联运经营人可以通过货物运输路线、运输方式的选择，运输区段的划分和对各区段实际承运人的选择达到降低运输成本，提高运达速度，实现合理运输等目的。

从上述特点可以看出，国际多式联运通常以集装箱为运输单元。在多式联运经营人的统一组织下，将不同的运输方式、不同区段的运输过程、不同区段的运输衔接及相关的服务和全程运输中所涉及的实际承运人、代理人、相关机构和运输系统中的各环节有机地组合在一起，构成连续的、综合性的一体化国际货物运输，是一项具有高度系统性的运输工程。在国际多式联运的运营和组织过程中，系统工程的思想、技术与方法占有重要的地位。

三、国际集装箱多式联运的特点

20世纪80年代，集装箱运输开始进入多式联运时代。从各国的实践效果来看，它已成为各国保证国际贸易的最优运输方式和改善投资环境的必备条件，并获得当今世界的公认。

1）统一化、简单化。货物在全程运输中无论使用多少种运输方式，都只需办理一次手续，而负责全程运输的多式联运经营人对全程运输负责。他不仅是订立多式联运合同的当事人，也是多式联运单据的签发人。如果在运输过程中货物发生货差货损，货物所有人可以直接向多式联运经营人提出索赔。

2）减少中间环节，缩短货物运输时间，降低货差货损事故，提高货运质量。在"门到门"运输中，货物在发货人工厂或仓库装满后，可直接送至收货人工厂或仓库，安全、省时。

3）降低运输成本，节省运杂费用。发货人在将货物交给联运承运人后即可取得货运单据，并据此向银行交单收汇。收汇时间提前，不仅有利于加速资金周转，而且减少了利息支出，对发货人十分有利。又由于采用集装箱运输，减少了包装费用和保险费用，简化了制单和结汇手续，从而节省了人力和物力。

集装箱多式联运的兴起和发展，对世界贸易结构、各种运输方式以及港口和车站的功能与组织形式均产生重大的影响，并促使其发生重大的变化。所以，目前世界各国对集装箱多式联运的发展都极为重视，正在建立和完善国际集装箱多式联运体系，制定相关法规，从体系和法律上来保障其得到顺利和健康的发展。

> **想一想**
> 我国国际多式联运发展中存在哪些不足？

四、集装箱多式联运和综合物流系统所具备的共同基本功能与发展趋势

集装箱和多式联运体制在重视物流和加强物流管理的发达国家得到突出的发展，也促使国际间物流发生了巨大变化。以国际集装箱运输为中心的国际多式联运是世界运输环境对国际分工、国际贸易和世界市场最新变化在运输方面的要求所作出的反应。建立在良好多式联运基础上的综合物流系统更是以其大量减少成本、提高物流质量和为客户创造价值的服务向国际集装箱运输企业展示了其独特的一面，其蕴藏的巨大利润激励着各国集装箱运输企业向建立综合物流系统的方向前进。

1. 集装箱多式联运和综合物流系统所具备的共同基本功能

（1）运输功能：集装箱多式联运和综合物流系统集中了整个交通运输大系统的多种运输方式，它将一个或几个方向的货流通过几种运输方式的紧密衔接，把多区段、多环节、超区域性的运输过程组成一个连续有效的运输链，实现"门到门"运输。

（2）经济功能：集装箱多式联运和综合物流系统的经济功能主要体现在对区域经济的拉

动上。经济的发展往往是朝着发展阻力最小的方向进行扩散的，由于集装箱多式联运和综合物流系统中有多种良好的运输基础设施，使大量货物通过该系统进行集散时的阻力最小，区域经济通过这种重要的运输干线系统与外界进行物质能量交流，从而产生较大的接触优势，导致新的经济活动的产生和发展，在集装箱多式联运和综合物流系统的交通干线两侧形成产业带。

2. 国际集装箱多式联运和综合物流系统的发展趋势

1）集装箱和集装箱船都趋向大型化和效益化。
2）集装箱运输的经营管理等广泛地使用计算机并实现自动化。
3）集装箱多式联运的发展趋势是向现代物流推进。

教师演示

查找相关资料和文献，描述多式联运及现代物流的概念。
第一步：描述现代物流的功能与目标。
第二步：描述集装箱多式联运的功能与目标。
第三步：分析集装箱多式联运的未来发展方向。
第四步：分析有哪些方面的因素使得集装箱多式联运与现代物流一体化发展成为可能。
第五步：准备资料，拓展学生的知识面。组织学生以"如何推动集装箱多式联运在我国的发展"为主题研讨。

资料：

探索集装箱多式联运振兴之路

国务院总理温家宝在 2009 年 2 月 25 日主持召开的国务院常务会议上，审议并通过了物流产业振兴规划，确定了振兴物流业的九大重点工程，其中多式联运和转运设施列为首位。在这种新的形势下，按照国务院的保增长、扩内需、调结构的总体部署，探索适合我国国情的振兴集装箱多式联运之路，并提出有针对性和可操作的实施方案，凸显出其重要意义。

1. 建设中国的智能运输系统

纵观世界各发达国家集装箱多式联运的发展与经验，结合我国的地理特征和经济结构特色，我国的振兴集装箱多式联运之路需要硬件设施和软件系统同步发展。尤其在软件系统方面，我国集装箱多式联运的发展必须"以信息技术创新带动机制创新，以信息化带动货物运输集装箱化"为战略目标。利用后发优势，采取"赶超"战略，以信息技术的优势改变当前我国集装箱多式联运的竞争模式和传统组织方式，提高集装箱多式联运的效率与效益。具体地，我们提出建立"以需求特征为中心、以实时信息为基础、以虚拟集成为构架和以决策支持为工具"的智能运输系统的对策，减少集装箱运输链中信息盲点，实现集装箱多式联运的无缝衔接。通过高效、安全、价廉、快捷的服务吸引更多的适箱货源，加快集装箱多式联运的发展。

集装箱运输的需求特征包括需求的区域分布、价格弹性和箱货匹配等。了解集装箱运输的需求特征是提高集装箱多式联运效率与效益的前提，运输的组织和配送以需求特征为中心才能提高集装箱的循环运转和空箱再利用，从而减少集装箱空箱运输，吸引货源。集装箱运输组织，尤其是集装箱空箱调运，如果不根据需求特征来调整，那么集装箱的循环使用和空箱再利用效率会很低，从而运输成本很难降低。集装箱空箱调运的不到位会导致运输需求得不到满足，会影响集装箱的运量增长。

实时信息是集装箱多式联运的质量保证。不均衡系数可以衡量货运需求的失衡，不均衡系数大的车站数量多，则反映了集装箱运输空率太高，空率太高导致了运输成本的增加与排空箱的困难。根据中铁集装箱 2008 年数据，铁路集装箱 576 个收发车站以年度时间计算的不均衡系数中，大于 0.5 的车站共占总数的 57%。如果以月、旬、周及两天为单位时间计算，不均衡系数分别为 61%、65%、68%和 84%。计算过程中还忽略了箱货的匹配，否则不均衡系数还会提高。这些数据表明不均衡系数随着时间计算单位的缩短而增长。在以顾客需要为中心的方便、快捷、高效、价低的货物运输成为必然趋势的今天，如果不以实时信息为决策依据，要满足顾客需要将会导致运输成本的上升。由此可见，集装箱运输的组织和配送应以实时数据为基础作相应的规划与调度。

集装箱多式联运的运营与管理涉及多种运输方式（横向）和多个运输及其他政府部门（纵向）之间的协调。一体化的多式联运本身就是一种集成，需要各参与方和各环节协同运作，其综合效率与效益取决于多式联运运输链中最薄弱环节的效率与效益。由于集装箱多式联运市场具有需求多样化、个性化以及实时性等特点，根据国际集装箱多式联运发展情况、发展趋势和我国管理体制及市场机制等实际情况，建立统一的运输管理机构既不现实也未必有效。集装箱多式联运的虚拟集成是指通过综合信息平台对运输和集装箱信息的及时传输和相互共享，实现运输单证在各相关部门、单位之间的电子传输和数据交换，并在此基础上根据顾客特定需求将运输链中独立的参与方组成临时性的运输企业联盟，利用其资源和能力优势进行整合，提供运输组织的决策支持功能来有效地满足顾客需求。

2. 通过虚拟集成实现信息化带动货物运输集装箱化

从我国现状来看，多式联运涉及的各个行业的信息化建设差异性较大。铁路系统实施的是贯通全路的铁路运输管理信息系统 TMIS（铁路运输管理信息系统，Transportation Management Information System 的简称），而公路、港口则根据行业特点采用的是相互独立的信息系统。尽管各自特点不同，但是，各个行业的信息系统已经基本完善并且向行业内集约化、规模化发展，从拥有信息阶段向利用信息阶段发展。振兴物流，信息为先。集装箱多式联运在我国的成功，有赖于行业间信息的集成，因此，有必要进行跨行业的信息集成，而信息技术的发展已经为这种虚拟集成奠定了基础。

根据我国集装箱多式联运的发展现状，只有把集装箱多式联运各相关环节的虚拟集成推动起来，才可能实现以信息化带动货物运输集装箱化的战略目标，创造适合我国国情的振兴集装箱多式联运之路，提升我国经济全球竞争力。我国不需要也不应该重复世界各发达国家集装箱多式联运发展的老路，这样才能真正实现我国集装箱多式联运的跨

越式发展。

学生动手

第一步：查资料，获取我国及发达国家的集装箱运输与多式联运的发展现状及未来趋势等信息。

第二步：举例说明我国集装箱运输与多式联运发展现状及存在的不足，带着问题要在今后的学习中不断思考，逐步找到答案。

第三步：认真阅读上述资料，积极参与主题讨论。

举一反三

1. 简述集装箱运输的特点。
2. 简述国际集装箱多式联运的特点。
3. 国际多式联运的主要特征是（　　）。

　　A．必须要有一个多式联运合同

　　B．必须使用一份全程的多式联运单据

　　C．必须是国际间的，至少使用两种不同的运输方式

　　D．多式联运经营人对全程负责

　　E．实行全程单一费率

学习评价

被考评人					
考评地点					
考评内容	对集装箱运输与多式联运特点的掌握				
考评标准	内　　容	分值/分	自我评价/分	小组评议/分	实际得分/分
	获取信息全面性	30			
	获取信息准确性	30			
	理论知识的理解	25			
	参与讨论的积极性	15			
	合　　计	100			

注：1. 实际得分=自我评价40%+小组评议60%。

　　2. 考评满分为100分，60～74分为及格；75～84分为良好；85分以上为优秀（包括85分）。

第二单元　集装箱箱务管理

任务一　　掌握集装箱的定义、类型、标准及标志

任务描述

随着我国经济贸易的不断发展，集装箱运输行业的竞争日趋激烈。在我国南部沿海地区，如深圳、厦门、广州等几个大港的集装箱发展已有一定规模。在这种激烈的竞争下，如何正确认识集装箱的类型与标准，如何使集装箱在流通和使用中正确地被识别与管理，是当前亟待解决的问题。

任务目标

1. 掌握集装箱的种类及其用途。
2. 了解集装箱的国际标准、国家标准、地区标准和公司标准。
3. 熟练地识别集装箱的各种标志。

情景导入

美国经济学家马克·莱文森曾说过一句话："没有集装箱，就没有全球化。"全球货物流通大多是以集装箱为载体的，尤其是海运集装箱。全球每年的集装箱产量有200多万个，在中国生产的占50%以上。在集装箱出厂后，不能实时了解到集装箱的位置和状态、是否安全到达堆场，在面积庞大的堆场上找出指定集装箱非常困难，不仅浪费时间，而且容易出错，还会给企业资源造成巨大的浪费。

知识储备

一、集装箱的定义

集装箱是指具有一定强度、刚度和规格，专供各种运输周转使用的大型装货容器。关于集装箱的定义，国际上不同国家、地区和组织在具体的表述上会有一些不同。

小知识

国际标准化组织ISO（International Organization for Standards 的简称）对集装箱定义：

集装箱是一种货物运输的设备，应满足以下要求：①具有足够的强度和刚度，可长期反复使用。②适于一种或多种运输方式载运，在途中转运时，箱内货物不需换装。③具有快速装卸和搬运的装置，特别是从一种运输方式转移到另一种运输方式。④便于货物的装满和卸空。⑤具有 $1m^3$ 及以上的容积。⑥是一种按照确保安全的要求进行设计，并且有防御无关人员轻易进入的货运工具。

二、集装箱的类型

运输货物用的集装箱种类繁多，从运输家用物品的小型折叠式集装箱到40ft（1ft=0.3048m）标准集装箱，以及航空集装箱等，层出不穷。这里仅介绍在海上运输中常见的国际货运集装箱类型。集装箱按箱内所装货物一般分为：

（1）通用干货集装箱：也称为杂货集装箱，用来运输无须控制温度的件杂货，其使用范围极广。这种集装箱通常为封闭式，在一端或侧面设有箱门。这种集装箱通常用来装运文化用品、化工用品、电子机械、工艺品、医药、日用品、纺织品及仪器零件等。它是平时最常用的集装箱，不受温度变化影响的各类固体散货、颗粒或粉末状的货物都可以由这种集装箱装运，如图2-1所示。

图2-1　通用干货集装箱

（2）保温集装箱：用于运输需要冷藏或保温的货物。所有箱壁都采用导热率低的材料制成，此类集装箱可分为以下三种：

1）冷藏集装箱是以运输冷冻食品为主，能保持一定温度的保温集装箱。它是专为运输鱼、肉、新鲜水果、蔬菜等食品而特殊设计的。目前国际上采用的冷藏集装箱基本上分两种：一种是集装箱内带有冷冻机的叫做机械式冷藏集装箱；另一种是箱内没有冷冻机而只有隔热结构，即在集装箱端壁上设有进气孔和出气孔，箱子装在舱中，由船舶的冷冻装置供应冷气，这种叫做离合式冷藏集装箱（又称外置式或夹箍式冷藏集装箱），如图2-2所示。

2）隔热集装箱是为载运水果、蔬菜等货物，防止温度上升过大，以保持货物鲜度而具有充分隔热结构的集装箱。通常用冰做制冷剂，保温时间为72小时左右。

3）通风集装箱是用于装运不需要冷冻而具有呼吸作用的水果、蔬菜等货物，在端壁和侧壁上设有通风孔的集装箱，如将通风口关闭，同样可以作为杂货集装箱使用。

（3）罐式集装箱：它是专门用于装运酒类、油类、液体食品等液体货物的集装箱，还可以装运其他液体类危险货物。这种集装箱有单罐和多罐两种，罐体四角由支柱、撑杆构成整体框架。前者由于侧壁强度较大，故一般装载麦芽和化学品等相对密度较大的散货，后者则用于装载相对密度较小的谷物。散货集装箱顶部的装货口应设密封性良好的盖，以防雨水侵入箱内，如图 2-3 所示。

图 2-2　冷藏集装箱　　　　　　　　　　　图 2-3　罐式集装箱

（4）台架式集装箱：它是没有箱顶和侧壁，甚至连端壁也去掉而只有底板和四个角柱的集装箱。这种集装箱可以从前后、左右及上方进行装卸作业，适合装载长大件和重货件，如重型机械、钢材、钢管、木材、钢锭等。台架式集装箱没有密封性，怕水、怕湿的货物不能装运（或用帆布遮盖装运），如图 2-4 所示。

（5）平台集装箱：这种集装箱是在台架式集装箱上再简化而只保留底板的一种特殊结构集装箱。平台的长度和宽度与国际标准集装箱的箱底尺寸相同，可使用与其他集装箱相同的紧固件和起吊装置。这一集装箱的采用打破了过去一直认为集装箱必须具有一定容积的固有概念。

（6）敞顶集装箱：这是一种没有刚性箱顶的台架式集装箱，它有由可折叠式或可折式顶梁支撑的帆布、塑料布或涂塑布制成的顶篷，其他构件与通用干货集装箱类似。这种集装箱适于装载大型货物和重货，特别是像玻璃板等易碎的重货，利用吊车从顶部吊入箱内不易损坏，而且也便于在箱内固定，如图 2-5 所示。

 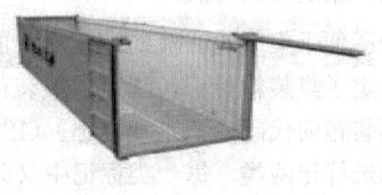

图 2-4　台架式集装箱　　　　　　　　　　图 2-5　敞顶集装箱

（7）汽车集装箱：它是一种运输小型轿车用的专用集装箱，其特点是在简易箱底上装一个钢制框架，通常没有箱壁（包括端壁和侧壁）。这种集装箱分为单层的和双层的两种。

（8）服装集装箱：这种集装箱的特点是在箱内上侧梁上装有许多根横杆，每根横杆上垂下若干条皮带扣、尼龙带扣或绳索，成衣利用衣架上的钩，直接挂在皮带扣或绳索上。这种服装装载法属于无包装运输，它不仅节约了包装材料和包装费用，而且减少了人工劳动，提高了服装的运输质量。

（9）动物集装箱：这是一种装运鸡、鸭、鹅等活家禽和牛、马、羊、猪等活家畜用的集装箱。为了遮蔽太阳光，箱顶采用胶合板露盖，侧面和端面都有用铝丝网制成的窗，以求有良好的通风。侧壁下方设有清扫口和排水口，并配有上下移动的拉门，可把垃圾清扫出去，还装有喂食口。

三、集装箱的标准

为了有效地开展国际集装箱多式联运，应进一步做好集装箱标准化工作。集装箱标准按使用范围分，有国际标准、国家标准、地区标准和公司标准四种。

（1）国际标准集装箱：国际标准集装箱是指根据国际标准化组织集装箱技术委员会（ISO/TC 104）制定的国际标准来建造和使用的国际通用的标准集装箱。

集装箱标准化历经的发展过程：
国际标准化组织集装箱技术委员会（ISO/TC 104）自1961年成立以来，对集装箱国际标准作过多次补充、增减和修改，现行的国际标准为第1系列，共13种，其宽度均一样（2 438mm），长度有四种（12 192mm、9 125mm、6 058mm、2 991mm），高度有四种（2 896mm、2 591mm、2 438mm、2 438mm）。

（2）国家标准集装箱：各国政府参照国际标准并考虑本国的具体情况，制定的本国的集装箱标准。

（3）地区标准集装箱：此类集装箱标准是由地区组织根据该地区的特殊情况制定的，此类集装箱仅适用于该地区。例如，根据国际铁路联盟（UIC）制定的集装箱标准而建造的集装箱。

（4）公司标准集装箱：某些大型集装箱船公司根据本公司的具体情况和条件制定的集装箱船公司标准，这类集装箱主要在该公司运输范围内使用。例如，美国海陆公司的35ft集装箱。

四、集装箱的标志

为了便于集装箱在流通和使用中的识别和管理，便于单据编制和信息传输，国际标准化组织制定了集装箱标记，规定了集装箱标记的内容、标记字体的尺寸、标记位置等。此标准即《集装箱的代码、识别和标记》（ISO 6346—1995）。国际标准化组织规定的标记有必备标记和自选标记两类，每一类标记中又分为识别标记和作业标记。具体来说，集装箱上有箱主代号，箱号或顺序号、核对号，集装箱尺寸及类型代号。

1. 必备标记

（1）识别标记：识别标记包括箱主代码、顺序号和核对数字。

1）箱主代码。集装箱所有者的代码由4位大写拉丁字母表示：前3个字母由箱主自己规定，并向国际集装箱局登记，登记时不得与登记在先的箱主有重复；第 4 个字母是识别代号，"U"表示常规集装箱，"J"表示带有可拆卸设备的集装箱，"Z"表示集装箱拖车和底盘车。如"COSU"为中国远洋运输（集团）总公司箱主代码。

2) 顺序号。为集装箱编号，由公司自定，共 6 位阿拉伯数字，不足 6 位时，在数字前以"0"补齐。

3) 核对数字。用于计算机核对箱号与顺序号记录的正确性。核对数字一般位于顺序号之后，用 1 位阿拉伯数字表示，并加方框以示醒目。集装箱标记代码的位置如图 2-6 所示。

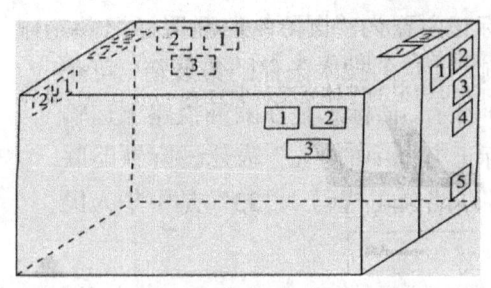

图 2-6　集装箱标记代码的位置

1—箱主代码　2—箱号或顺序号、核对数字　3—集装箱尺寸及类型代号
4—集装箱总重、自重和容积　5—集装箱制造厂名及出厂日期

(2) 作业标记：

1) 额定重量和自重标记。集装箱的自重（又称空箱质量）和箱内装载货物的允许最大载货量之和，即最大工作总重量，又称额定总重。在标出额定重量和自重的同时，还可标出允许最大载货量。三种重量标出时，要求用千克（kg）和磅（lb）两种单位同时表示。图 2-7 所示为额定重量、自重和允许最大载货量。

2) 超高标记。凡高度超过 2.6m（8.5ft）的集装箱均应有超高标记，该标记为在黄色底上标出黑色数字和边框，通常位于集装箱每侧的左下角或其他主要标记下方，距箱底约 0.6 m 处，如图 2-8 所示。

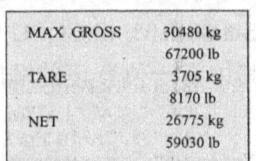　　　　　　　　　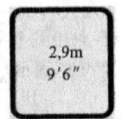

图 2-7　额定重量、自重和允许最大载货量　　　图 2-8　超高标记

2. 自选标记

(1) 识别标记：识别标记由国籍代码、尺寸代码和箱型代码组成。

1) 国籍代码。用三个或两个英文字母表示，用以表示集装箱登记的国家或地区，如"PRC"、"CN"表示登记国为"中华人民共和国"，"USA"、"US"表示登记国为"美国"，"J××"、"JP"表示登记国为"日本"，"GB×"、"GB"表示登记国为"英国"。

2）尺寸代码和箱型代码。集装箱尺寸代码由两位字符表示：××。第 1 个字符表示箱长，即箱长代码，如"2"表示 20 ft 箱，"4"表示 40 ft 箱，"M"表示 48 ft 箱等；第 2 个字符表示箱宽和箱高，即箱高和箱宽代码，如"2"表示宽 8ft、高 8.5ft 的箱，"5"表示宽 8ft、高 9.5ft 的箱等。箱型代码由两位字符表示，分成总代码和细代码两种。总代码用于集装箱特性尚不明确或不需要明确的场合。细代码用于对集装箱特性需要有具体标示的场合。细代码的第 1 位由一个拉丁字母表示箱型，即箱型编号；第 2 位由一个数字表示该箱型的特征，即箱型标识符。

（2）作业标记：作业标记主要为"国际铁路联盟标记"。凡符合《国际铁路联盟条例》规定的技术条件的集装箱，可获得国际铁联标记，如图 2-9 所示。该标志是在欧洲铁路上运输集装箱的必要通行标志。标记方框中的"ic"表示国际铁路联盟，标记下方的数字表示各铁路公司代码（"33"是中华人民共和国铁路的代码）。

图 2-9　国际铁联标记

3．通行标记

集装箱在运输过程中能顺利地通过或进入一国国境，箱上必须贴有按规定要求的各种通行标志，否则，就要办理繁琐的证明手续，延长集装箱的周转时间。集装箱上主要的通行标记有安全合格牌照、集装箱批准牌照、防虫处理板、检验合格数及国际铁路联盟标记等。

教师演示

第一步：准备实训案例（下面案例供参考），并讲解案例中所涉及的基础知识。

案例：连云港集装箱码头闸口师傅在提取空箱时的箱号登记（手工登记）。登记中国远洋运输集团总公司（COSCO）某集装箱时，由于箱子使用时间较长，其中有 1 位顺序号及核对数字较模糊，登记结果分别为 COSCU 800181、COSU 800131 和 COSU 800121，核对数字未登记下来。现设备交接单及电脑数据有正确登记，其中有一位登记的顺序号应该是正确的。该箱号核对数字是 5。

第二步：提问：如何判断哪个集装箱箱号是正确的？

第三步：提示：已知集装箱箱主代码和顺序号，求核对号。

学生动手

第一步：将表示箱主代码的 4 位字母转化成相应的数字，字母与数字的对应关系见表 2-1。

表 2-1 核对数计算中箱主代码与数字的对应关系

字 母	A	B	C	D	E	F	G	H	I	J	K	L	M
数 字	10	12	13	14	15	16	17	18	19	20	21	23	24
字 母	N	O	P	Q	R	S	T	U	V	W	X	Y	Z
数 字	25	26	27	28	29	30	31	32	34	35	36	37	38

从表 2-1 可以看出，表中去掉了 11 及其倍数的数字，这是因为后面的计算将把 11 作为模数。

第二步：将前 4 位字母对应的数字加上后面顺序号的数字，共计 10 位。比如以箱主代码与顺序号 COSU 800121 为例，其对应的数字是：13—26—30—32—8—0—0—1—2—1。

第三步：采用加权系数法进行计算，计算公式 $S=\sum C_i \times 2^i$ 式中，C_i 为 10 个数字中第 i 个数字。

第四步：将 S 除以模数 11，再取其余数，即得核对数。以 COSU 800121 箱为例，
$$S=13\times2^0+26\times2^1+30\times2^2+32\times2^3+8\times2^4+0\times2^5+0\times2^6+1\times2^7+2\times2^8+1\times2^9=1\,721,$$
除以 11，取余数：1 721/11=156，余数为 5。所以核对数字为 5，外加方框表示：COSU 800121⑤。

举一反三

1．40ft 箱属于国际标准集装箱规格第一系列中的（　　）。
  A．A 型　　　　　　B．B 型　　　　　　C．C 型　　　　　　D．D 型
2．机械式冷藏集装箱分为"空气冷却"和"水冷却"两种冷却方式，"空气冷却"箱装满货物时可以放在集装箱船的（　　）。
  A．舱内　　　　　　　　　　　　　　　B．甲板上
  C．均可　　　　　　　　　　　　　　　D．视不同集装箱船而定
3．凡超过（　　）的集装箱应设置超高标记。
  A．8ft　　　　　　B．8.5ft　　　　　　C．9ft　　　　　　D．9.5ft
4．下面的集装箱中哪些不是特种集装箱？
  A．罐式集装箱　　　B．平台式集装箱　　　C．汽车集装箱　　　D．干货集装箱
5．国际标准化组织规定的集装箱标记有哪几大类？

学习评价

被 考 评 人					
考 评 地 点					
考 评 内 容	集装箱的定义、类型、标准及标志的掌握程度				
考 评 标 准	内　　　容	分值/分	自我评价/分	小组评议/分	实际得分/分
	集装箱标志基础知识掌握程度	30			
	集装箱标志的识别能力	30			
	解决实际问题的能力	30			
	讨论时发言的情况	10			
	合　　　计	100			

注：1．实际得分=自我评价 40%+小组评议 60%。
　　2．考评满分为 100 分，60～74 分为及格；75～84 分为良好；85 分以上为优秀（包括 85 分）。

任务二

熟悉集装箱箱务管理业务

 任务描述

作为集装箱多式联运的运输单元,集装箱是重要的运输载体。集装箱箱务管理是集装箱运输系统中极其重要的环节,其业务的主要内容包括集装箱的发放与交接,损坏、灭失、逾期还箱的处理,集装箱的调运,集装箱的堆存等业务。做好集装箱箱务管理业务,对降低集装箱运输总成本,减少置箱投资,加快集装箱的周转,提高集装箱货物的装载质量和货运质量,提高企业经济效益和国际航运市场的竞争能力均具有重要意义。

 任务目标

1. 掌握集装箱的发放与交接,损坏、灭失、逾期还箱的处理,集装箱的调运,集装箱的堆存等业务的具体工作流程。
2. 了解集装箱箱务管理业务中详细的规定与注意事项。
3. 能灵活处理实际工作中经常出现的一些问题。

 情景导入

埃及开罗港开始集装箱运输的时候,由于码头管理人员仍然采用传统的海运管理方式,曾一度导致混乱。当集装箱船舶停靠在码头时,码头的管理人员陷入困境,面对几千只大小形状非常相似的铁柜子,应如何交接,又属于哪家客户。集装箱怎么调运,怎么堆存,整个码头一片狼藉。开罗港的尴尬主要是因为没有科学合理地规范集装箱箱务的具体业务。

 知识储备

箱务管理即集装箱管理,是国际集装箱运输的一项十分重要的工作。做好箱务管理工作,对加快集装箱的周转,提高集装箱货物的装载质量和企业的经济效益均有重要的意义。

一、集装箱的发放和交接

1. 集装箱发放和交接的依据

集装箱的发放和交接应依据进口提货单、出口订舱单、场站收据以及这些文件内列明的集装箱交付条款，实行集装箱设备交接单制度。从事集装箱业务的单位必须凭集装箱代理人签发的集装箱设备交接单办理集装箱的提箱（发箱）、交箱（还箱）、进场（港）、出场（港）等手续。

2. 交接责任的划分

①船方与港方交接以船边为界。②港方与货方（或其代理人）、内陆（公路）承运人交接以港方检查桥为界。③堆场、中转站与货方（或其代理人）、内陆（公路）承运人交接以堆场、中转站道口为界。④港方、堆场中转站与内陆（铁路、水路）承运人交接以车皮、船边为界。

3. 进口重箱提箱出场的交接

进口重箱提离港区、堆场和中转站时，货方（或其代理人）、内陆（水路、公路、铁路）承运人应持海关放行的进口提货单，到集装箱代理人指定的现场办理处办理集装箱发放手续。

集装箱代理人依据进口提货单、集装箱交付条款和集装箱运输经营人有关集装箱及其设备使用和租用的规定，向货方（或其代理人）或内陆承运人签发出场集装箱设备交接单和进场集装箱设备交接单。

货方、内陆承运人凭出场集装箱设备交接单到指定地点提取重箱，并办理出场集装箱设备交接；凭进场集装箱设备交接单将拆空后的集装箱交到集装箱代理人指定的地点，并办理进场集装箱设备交接。

4. 出口重箱交箱（收箱）、进场的交接

出口货箱进入港区，货方、内陆承运人凭集装箱出口装箱单、场站收据或进场集装箱设备交接单到指定的港区交付重箱，并办理进场集装箱设备交接。指定的港区依据出口集装箱预配清单、进场集装箱设备交接单、场站收据收取重箱，并办理进场集装箱设备交接。

5. 空箱的发放和交接

空箱提离港区、堆场、中转站时，提箱人（货方或其代理、内陆承运人）应向集装箱代理人提出书面申请。集装箱代理人依据出口订舱单、场站收据或出口集装箱预配清单向提箱人签发出场集装箱设备交接单或进场集装箱设备交接单。

提箱人凭出场集装箱交接单到指定地点提取空箱，办理出场集装箱设备交接，凭进场集装箱设备交接单到指定地点交付集装箱，并办理进场集装箱设备交接。

6. 收、发箱地点应履行的手续

指定的收、发箱地点，凭集装箱代理人签发的集装箱设备交接单受理集装箱的收、发手续。凭出场集装箱设备交接单发放集装箱，并办理出场集装箱设备交接手续；凭进场集装箱设备交接单收取集装箱，并办理设备交接。

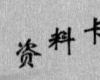

出场集装箱设备交接单的主要内容：①提箱人（用箱人和运箱人）。②发往地点。③用途（出口载货、修理、进口重箱等）。④集装箱号、封号（铅封号、关封号）。⑤集装箱尺寸、类型。⑥集装箱所有人。⑦提离日期。⑧提箱运载工具牌号。⑨集装箱出场检查记录（完好或损坏）。

在集装箱交接地点应详细认真进行检查和记录，并将进出场集装箱的情况及时反馈给集装箱代理人。积极配合集装箱代理人的工作，使代理人能够及时、准确地掌握集装箱的利用情况，及时安排集装箱的调运、修理，追缴集装箱延期使用费，追缴集装箱的损坏、灭失费用等工作。

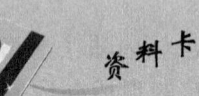

进场集装箱设备交接单的主要内容：①送箱人。②送箱日期。③集装箱号、封号。④集装箱尺寸、类型。⑤集装箱所有人。⑥用途：返还重箱，出口集装箱，此时需登记该集装箱发往的时间、地点。⑦送箱运载工具牌号。⑧集装箱进场检查记录。

二、集装箱的损坏、灭失、逾期还箱的处理

货方（或其代理人）、内陆承运人或从事集装箱业务的有关单位不得将集装箱及其设备移作集装箱设备交接单规定之外的目的使用。必须按规定的时间、地点交还集装箱，而且应保持集装箱及其设备的完好性。凡不按规定地点交还集装箱者，港区、堆场、中转站等地均应拒绝收箱。

集装箱损坏时，应根据前述的交接责任划分，确定责任者，根据损坏程度确定赔偿金额，责任者有义务向集装箱代理人（所有人）支付赔偿费用。

三、集装箱的调运

集装箱是集装箱运输中的主要设备之一，及时为货方和内陆承运人提供足够数量、性能优良、类型齐备的集装箱，对搬运公司提高服务质量，加快集装箱周转，提高企业经济效益和社会效益等均具有重要的意义。

1. 产生空箱调运的原因

1）由于管理方面的原因产生空箱调运。如由于单证交接不全，流转不畅，影响空箱的调配和周转；又如货主超期提箱，造成港口重箱积压，影响到集装箱在内陆的周转，为保证船期，需要从附近港口调运空箱。

2）进、出口货源不平衡，因而造成进、出口集装箱比例失调，产生空箱调运的问题。

3）由于贸易逆差，导致集装箱航线货流不平衡，因而产生空箱调运。

4）由于进出口货物种类和性质不同，因而使用不同规格的集装箱，产生航线某规格集装箱短缺现象，需要调运所需规格的空箱，以满足不同货物的需要。

5）其他原因。如出于对修箱费用和修箱要求的考虑，船舶公司将空箱调运至修费低、修箱质量高的地区去修理。

2. 解决空箱调运的途径

1）组建联营体，实现船舶公司之间集装箱的共享。
2）强化集装箱集疏运系统，缩短集装箱周转时间。
3）强化集装箱跟踪管理系统，实现箱务管理现代化。

3. 空箱调运的方式

1）港到港的调运有国际间调运和国内调运两种。
2）港到堆场、货运站和中转站间的调运。
3）堆场和货运站之间的调运。
4）临时租用的空箱调运。
5）还箱的调运。

四、集装箱的堆存

1. 重箱的堆存、保管

港口为避免港内集装箱的大量积压现象的发生，规定航班装运的重箱应在指定的入港开始时间和截止时间内，将重箱（或出口空箱）运至港区内指定的场地堆存。箱管部门应与港口箱管部门密切合作，通知货方（或其代理人）、内陆运输人，将重箱及时运至港内，并做好集装箱设备交接工作。

2. 空箱的堆存、保管

箱管部门所支配的空箱一般在港口堆场、各类场站堆场等地堆存和保管。集装箱的所有人（支配人）一般委托各堆场作为自己的集装箱代理人进行实际管理，并需向有关堆场支付堆存、保管费用。这些费用也是集装箱运输成本的重要组成部分，所以加强空箱的堆存、保管具有重要的意义。

各堆场的集装箱代理人在安排空箱堆存的过程中，应将各航运公司的集装箱分别堆放，同公司的集装箱应按箱型分别堆放，便于提箱。在搬运过程中应注意安全，勿使本场地堆存的集装箱出现工残。在收箱时做好检查工作，出现集装箱损坏等现象时应及时通知箱主，安排修理等事宜。

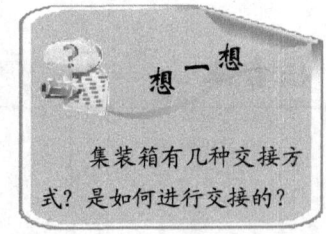

集装箱有几种交接方式？是如何进行交接的？

 教师演示

第一步：先联系好集装箱运输企业或模拟现实环境，训练集装箱箱务管理具体操作业务。
第二步：描述该企业或现实场景箱务管理的业务流程。
第三步：分析该企业箱务管理的优点，并思考是否有需要改进的地方来提高箱务管理的效率，如何减少空箱调运。

学生动手

第一步：绘制该企业或现实场景箱务管理的业务流程图，熟悉掌握各项业务规则和程序。

第二步：将理论与实践相结合，在现实环境中掌握集装箱箱务管理的主要环节。

第三步：总结实际工作中所涉及的问题，掌握产生空箱调运的原因，结合实际提出减少空箱调运的具体措施。

举一反三

1. 查阅文献与书籍，到对口的企业实习，结合实际提出减少空箱调运的途径。
2. 试述产生空箱调运的原因及解决空箱调运的有效途径。

学习评价

被 考 评 人					
考 评 地 点					
考 评 内 容	集装箱箱务管理业务的掌握程度				
考 评 标 准	内　　容	分值/分	自我评价/分	小组评议/分	实际得分/分
	基础知识掌握程度	30			
	结合实际的应用能力	30			
	对实际问题的分析能力	30			
	讨论时发言的情况	10			
	合　　计	100			

注：1. 实际得分=自我评价40%+小组评议60%。
　　2. 考评满分为100分，60～74分为及格；75～84分为良好；85分以上为优秀（包括85分）。

任务三　　　了解集装箱租赁业务

任务描述

集装箱租赁业务是一个随着集装箱运输的发展而派生出来的行业，当今世界具有相当规模的集装箱租赁公司已有一百多家，目前，可供出租使用的集装箱数量占世界集装箱总数的50%左右，这也充分体现集装箱租赁业的优势。加强对集装箱的租赁方式、租赁合同及其主要条款、租金等知识的学习，有助于集装箱租赁企业提高国际竞争力，提高集装箱轮转效率，降低企业整体运营成本。

任务目标

1. 了解集装箱租赁的主要优点。
2. 掌握集装箱租赁的主要方式及各种方式的优缺点。
3. 实际工作中能灵活使用各种方式。
4. 明确集装箱租赁合同及其主要条款的相关内容，正确划分各自的权利与责任。

情景导入

2001年8月，上海星星贸易有限公司（以下简称星星公司）受上海三通化学品有限公司（以下简称三通公司）委托，为三通公司将桶装液体助剂从上海运输至汕头。为此，星星公司与上海宇宙物流有限公司（以下简称宇宙物流）签订协议，向宇宙物流租借24只20ft集装箱。星星公司将该24只集装箱装载在南京锦化水运有限责任公司（以下简称锦化公司）的"苏林立18"轮上。该轮从上海港出发，开航时船舶无不适航情况。次日，"苏林立18"轮航行至浙江温州洞头海面遇到雷雨大风，船舶、船上货物及集装箱一并沉没。事故发生后，星星公司将集装箱灭失的消息及时通知了宇宙物流。涉及的24只集装箱系宇宙物流向中海集装箱运输有限公司租赁。宇宙物流应如何处理呢？

知识储备

一、集装箱租赁的主要优点

1. 可避免占用过多的资金

由于集装箱造价相当昂贵，如果船舶公司全部采取自备箱，则需要购置大量集装箱，需要巨额投资，形成大量的固定资金；如果是贷款购箱，还要支付为数可观的利息，这对船舶公司是一个相当沉重的负担。如果采用租赁集装箱的办法，租用部分集装箱，只需支付少量租金即可获得集装箱使用权，采用合理的租箱方式，当船舶公司不需要这些集装箱时，则可退还租箱公司，这样则可避免占用大量的固定资金，也无须支付巨额贷款的利息。

2. 节省空箱调运费用，可满足用箱要求

对于因航线往返货运量不平衡、季节性货源的变化等产生用箱方向及时间上不平衡的情况，可通过租箱的办法来解决。如果采用单程租赁、短期租赁及灵活租赁的办法，既能满足用箱的不平衡，又可节省置箱费及空箱调运费。

3. 避免集装箱陈旧、过时

虽然集装箱是按照国际标准化组织的规定制造的，但仍有过时的风险。随着集装箱运输

的发展，某些曾被采用的集装箱，因其尺寸、规格不适于使用而被淘汰，而某些曾是非标准的集装箱，由于适应集装箱运输发展的要求，其数量大增，被国际标准化组织推荐和采用。通过租赁集装箱，就不会有承担集装箱陈旧、过时的风险，当旧规格的集装箱即将被淘汰时，只需归还过时集装箱，重新租用新规格的集装箱，即可继续使用。

二、集装箱租赁方式

1. 长期租赁

长期租赁合同年限较长，通常是3~10年。根据租期届满后对集装箱处理方式的不同，长期租赁可分为金融租赁及实际使用期租赁两种：金融租赁是指租箱人在租箱合同期满后作价买下所租用的箱子，从而取得集装箱所有权的一种租赁方式；实际使用期租赁则是当租赁合同期满后，租箱人将箱子退还给出租公司的一种租赁方式。

2. 即期租赁

即期租赁是指租箱人根据自己的需要及市场情况与租箱公司签订租赁合同的一种租赁方式。它的特点是与租箱公司没有任何事先约定，而是经磋商后达成临时短期租箱协议，因此，其租金费率由当时的租箱市场竞争及供需情况而定。即期租赁除临时的短期租赁外，还有单程租赁和来回程租赁两种。在单程租赁情况下，租箱人仅在起运港至目的地港单程使用集装箱，这种方式一般用于一条航线上来回程货源不平衡的场合，以减少空箱运回。来回程租赁一般用于来回程有货源的航线，这种方式的租期由来回程所需时间决定，有时可不限于一个来回程。

3. 灵活租赁

灵活租赁是在租期上类似于长期租赁（一般为一年），而在集装箱的具体使用上类似于即期租赁方式。在灵活租赁合同中，除明确租期外还订有租箱人每月提箱、还箱的数量和地点。在这种租赁方式下，租箱人在租期内至少保证租用一定数量的集装箱（一般可多租），这就类似于长期租赁。但在具体使用过程中这些集装箱并不是固定不变的，租箱人可根据自己的实际需要，在合同规定的时间、地点、数量下随租随还，这又类似于即期租赁。采取这种方式可使租箱人能更好地适应货源不平衡、季节不平衡等变化。灵活租赁金较即期租赁低，与长期租赁接近。

三、集装箱租赁合同及其主要条款

集装箱租赁合同是规定租箱人与租箱公司双方权利、义务和费用的协议和合同文本。

1. 交箱条款

交箱条款是制约租箱公司的主要条款，租箱公司应在合同规定的时间和地点将符合合同条件的集装箱交给租箱人。其主要内容：

1) 交箱期，指租箱公司将集装箱交给租箱人的时间。交箱期一般为7~30天。
2) 交箱量，合同中一般规定最低交箱量，准高不准低。
3) 交箱时集装箱状况，交付集装箱应符合有关国际公约与标准规定，同时租箱人还箱时应保证集装箱保持和接近原来的状况。交接时共同验箱，共同签署设备交接单。

2. 还箱条款

还箱条款是制约租箱人的主要条款，指租箱人在租用期满后，按合同规定的时间、地点将状况良好的集装箱还给租箱公司。其主要内容：

1）还箱时间，规定还箱的日期。超期不还和提前归还通称"不适当还箱"。超期：合同一般规定加收租金。提前：有提前中止条款的，按条款处理；没有的，仍需补交追加租金。

2）还箱地点。

3）还箱时集装箱状况。以提箱时设备交接单上注明的状况为准。一般规定集装箱有损坏由租箱人负责修理及费用。也可订立损害维修赔偿条款（DPP，Damaged Protection Plan 的简称），租箱人按规定另付损害修理费用，在一定范围内的损害由租箱公司负责。

合同一般还规定，租箱期满后若干天仍未还箱，租箱公司作为集装箱全损处理。租箱人按合同规定支付赔偿金，在租箱公司未收到赔偿金前，租箱人仍需按实际天数支付租金。

3. 损害修理责任条款

如订立损害修理责任条款并按规定付费，一定范围的损坏可不修理就还箱。

4. 租金及费用支付条款

按时付费，否则构成违约，租箱公司有权采取相应的行动直至收回集装箱。一般有以下内容：

（1）租期：交箱之日起到还箱之日止的一段时间。

（2）租金计算方法：按每箱天计收。租用天数计算一般从交箱当日到接受还箱次日止。超期天数另行支付（租金一般翻倍），有提前中止的，租箱人支付提前中止费用（相当于 5～7 天的租金）后，租期到集装箱进入还箱堆场日为止。

（3）租金支付方式：一般有按月支付和按季支付。租箱人收到租金通知单后，在规定的时间内支付（一般为 30 天），如延误需按规定费率利息。

（4）交、还箱手续费：租箱人按合同规定支付交、还箱手续费，主要用来补偿因在堆场交、还箱所产生的费用（装卸车费、单证费等），或按合同规定，或按交、还箱所在堆场的费用确定。

5. 设备标志更改条款，不经租箱公司同意不得更改原有标志

长期租箱一般接受更改标志，还箱时必须恢复或承担恢复费用。

教师演示

第一步：先将学生分成甲、乙两组，模拟实训集装箱租赁合同的签订。

第二步：甲组为出租方（甲方）；乙组为承租方（乙方）；乙方由于业务需要向甲方承租 10 只 20ft 集装箱，双方就此事进行协商谈判，签订集装箱租赁合同（可根据需要导入具体案例）。

第三步：确定租赁合同涉及的主要条款，如租赁集装箱的类型、规格、数量，租赁期限，用途，租赁集装箱的交付，租金及支付方式，集装箱的退还，违约责任等。

学生动手

第一步：根据各自所在的小组，分别展开主要条款应如何制定及如何保障各自权益的讨论。

第二步:将理论与实践相结合,确定主要条款的具体内容。
第三步:甲、乙双方签订正式合同。

举一反三

结合情景导入的案例,运用本任务所学的理论知识,谈谈宇宙物流应如何处理。

学习评价

被考评人					
考评地点					
考评内容	集装箱租赁合同签订				
考评标准	内　容	分值/分	自我评价/分	小组评议/分	实际得分/分
	租赁合同条款内容的完整性	30			
	租赁合同条款对权益的保障性	30			
	对实际问题分析能力	20			
	语言组织能力	20			
	合　计	100			

注:1. 实际得分=自我评价40%+小组评议60%。
　　2. 考评满分为100分,60~74分为及格;75~84分为良好;85分以上为优秀(包括85分)。

任务四　　如何实现集装箱箱务管理的现代化

任务描述

随着全球国际集装箱运输的快速发展,需要集装箱的数量越来越多,每年均需投入大量的集装箱。由于集装箱运输及多式联运集装箱流动范围极广,很难进行有效的控制,因此集装箱运输过程中由于集装箱灭失造成的经济损失很大。为了最大幅度地减少经济损失,提高集装箱的周转率,最大限度地发挥集装箱的运输能力,防止因种种原因产生的集装箱灭失现象,世界各国都在研制和设置集装箱跟踪管理系统,实现箱务管理现代化。

任务目标

1. 了解集装箱调运管理。
2. 掌握集装箱分配及使用。
3. 了解集装箱跟踪管理。
4. 明确集装箱箱务管理的未来发展趋势。

情景导入

据估计,当前全球空箱调运量约占集装箱总运输量的 20%,有些船舶公司的空箱运输已经超过这一比例。根据英国德鲁航运咨询公司 2002 年的调查和估算,在全球集装箱运量的 2.01 亿 TEU 中,空箱的运量为 4 100 万 TEU。以平均 288 美元/TEU 的空箱调运费计算,班轮公司大概要多支出 110 亿美元来完成空箱的运输问题,其中还不包括在多式联运铁路和公路的运输费用。集装箱空箱调运已成为提高集装箱运输效率的瓶颈。研究如何减少集装箱空箱调运,对于促进集装箱运输快速发展、协调多式联运和提高企业经济效益具有重要意义。

知识储备

一、集装箱调运管理

由箱管中心确定开放港口的集装箱合理保有量,并可根据市场情况及时调整。企业的分部箱管部负责检查所管辖地区内的港口集装箱保有量,制订区域内港口间集装箱平衡及调运计划,并报箱管中心统筹调度解决。

箱管部负责确定和调整各港口及地区的集装箱保有量,并制订周、月度空箱调运计划,并与航线经营人联系落实该计划,向航线经营人发送集装箱调运计划通知书,根据双方认可的通知书,向代理发布调箱指令,同时抄报企业的分部箱管部和航线经营人。对于开放港口,航线经营人应根据箱管部的集装箱调运计划通知书和箱管部发布的调箱指令,检查落实装船;而对于封闭港口,航线经营人应与地区企业的分部箱管部和港口箱管代理共同协商,做好封闭区域港口间的集装箱平衡工作,并且根据封闭区内的集装箱合理保有量,积极做好进、出封闭区的集装箱调运工作。港口箱管代理应做好集装箱现场管理工作,落实空箱调运计划,如发现问题应及时反映给有关各方,以便及时解决问题。

中集公司集装箱营运管理体制

中集公司集装箱营运管理实行一级调度、三级管理的体制,以中远(集团)中集公司箱管部为核心,下设分部箱管部和箱管中心、各航线经营人及港口箱管代理。箱管部设有营运管理、信息管理等业务职能部门。箱管部在国内外共设三个中集分部箱管部及美洲、中国香港地区、欧洲箱管中心管辖区域。

二、集装箱分配及使用

1. 关于提箱、还箱及用箱

提箱是指航线经营人在开放港口的指定堆场提用空箱。还箱是指航线经营人将拆空后的箱交还给在开放港口的指定堆场。用箱是指从航线经营人在开放港口的指定堆场提空箱起,

至空箱还至开放港口的指定堆场上的使用时间。在此期间内航线经营人向箱管部支付箱天使用费并负有集装箱保管责任。

2. 关于错用箱

如发生集装箱被其他公司错用,箱管代理在错用发生后24小时内将错用信息输入信息系统,并书面报告所属企业分部箱管部、箱管中心和航线经营人(在封闭港口)。错用港代理与错用方联系追回用箱并由代理把从错用之日起至该箱返回到堆场之日止的全部费用(包括租金、提还箱费、还箱检验费、修理费等)支付给箱管部(在开放港口错用)或航线经营人(在封闭港错用)。如错用箱在错用后100天内仍未还到企业堆场,则箱管中心将此箱视为灭失并按"集装箱赔偿标准"向代理提赔。错用箱被还到堆场后,由当地箱管代理将还箱信息输入信息系统。

3. 关于免费用箱

由箱主公司提供给免费使用的集装箱,由箱管部统一与箱主公司签署用箱协议,各航线经营人无权自己接收此类空箱并将其纳入航线营运。经签协议进入企业箱范围的免费用箱,视同企业租箱管理和使用。

4. 关于集装箱灭失

集装箱在航线经营人使用期间发生灭失,由航线经营人向箱管部宣布灭失并将灭失动态输入信息系统,箱天费用自宣布次日起自动截止;在开放港口,集装箱发生灭失,由代理向所在箱管企业分部和箱管部公布灭失,并将灭失动态输入信息系统,箱管部根据"企业集装箱灭失、丢失赔偿标准"向责任方提赔。

> **资料卡**
>
> 《国际集装箱安全公约》(International Convention for Safety Container)规定:新箱在出厂后24个月内要进行内箱检验,5年时要进行箱体检验,并在以后每30个月检验一次。

三、集装箱的修理及维护保养

集装箱在运输、装卸、搬运、堆存过程中由于种种原因造成损坏,由箱管部及企业分部箱管部的技术管理部门对企业箱的维修作出统筹计划和组织实施。港口箱管代理可在授权范围内按照报修程序组织修理。

四、集装箱跟踪管理及箱务管理现代化

1. 集装箱跟踪管理方式

集装箱跟踪管理是指集装箱经营者为随时掌握和控制集装箱动态而采用的管理方式,一般分为手工跟踪管理方式和计算机跟踪管理方式两种。一般来说,船舶公司在自己所经营的集装箱航线的基本港和挂靠港,建立集装箱跟踪管理的信息传递网络,从而随时或定时通过其各港的代理人利用各种信息传递方式向船舶公司提供集装箱的最新动态,经整理可输出所需的各种文件资料。

(1) 手工跟踪管理方式:对于集装箱拥有量较少、经营规模和范围较小的船舶公司,可考虑采用手工跟踪管理方式。

(2) 计算机跟踪管理方式:集装箱计算机跟踪管理方式是目前船舶公司普遍采用的高效

率的方式。首先,应将集装箱必要的特征(如箱号、箱型、尺寸、购(租)箱地点、购箱日期等)预存储在计算机内。然后,再将集装箱日常动态和信息利用某种特定的代码形式,及时输入计算机并根据事先编好的程序,通过计算机进行有效的数据处理,随时可以直观地显示或打印出集装箱管理部门盘存所需的各种类型的报表。

2. 箱务管理现代化

要实现箱务管理现代化,必须实现规范化的箱务管理。这就要求建立分工明确、有效率的各级组织管理机构,必须有完整的业务规章和办法,必须有整套科学的管理方法和高素质的箱管队伍,这是实现箱务管理现代化的重要基础和前提条件。例如,中远(集团)总公司从美国通用电器公司引进集装箱管理系统及通信网络,并采用一级调度、三级管理体制对中远集装箱实施全球跟踪和管理。

教师演示

第一步:搜集材料,了解我国及发达国家的集装箱跟踪管理方式。

第二步:准备中远(集团)总公司的相关背景资料,组织学生学习中远(集团)总公司实现箱务管理现代化的情况,并结合国外的先进经验进行系统分析。

学生动手

第一步:查资料,获取我国及发达国家的集装箱跟踪管理方式等信息。

第二步:查资料,获取中远集装箱箱务管理流程,并加以分析。

举一反三

请你上网查一查发达国家的集装箱跟踪管理方式。

学习评价

被考评人					
考评地点					
考评内容	集装箱跟踪管理方式的认知				
考评标准	内容	分值/分	自我评价/分	小组评议/分	实际得分/分
	资料准备内容完整性	30			
	查阅资料的内容正确性	30			
	对问题理解的深度	20			
	讨论时发言的情况	20			
	合计	100			

注:1. 实际得分=自我评价40%+小组评议60%。

2. 考评满分为100分,60~74分为及格;75~84分为良好;85分以上为优秀(包括85分)。

第三单元　集装箱码头业务

任务一

认识集装箱码头及装卸设备

 任务描述

在多式联运的物流系统中，集装箱码头是水陆联运的枢纽，是促使各项作业协调、配合，加速船、车、箱周转的重要环节。在码头，需要对集装箱进行大量的搬运装卸作业，需要正确使用各种装卸设备，高效装卸、合理运作，严格执行作业流程，因此，想要掌握集装箱码头业务，学会集装箱码头的运作管理，就必须认识集装箱码头，了解并会使用装卸设备。

 任务目标

1. 初步了解集装箱码头和装卸设备。
2. 明确集装箱码头的整体布局和特点。
3. 能够掌握集装箱码头设计布局的基本要求。
4. 在集装箱各项作业中，学会协调配合。
5. 熟练操作简单的装卸设备。

 情景导入

2009年10月16日，"中海"号集装箱班轮（总箱位9562 TEU）停靠大连港码头，上港集团负责装卸作业，19时整，装卸作业正式展开，10台双起升双桥吊一起开动，70余辆集装箱卡车在码头和堆场之间穿梭往来。至10月17日凌晨2时，仅用7小时，完成了5182自然箱的装卸作业任务，平均船时量达到690.93自然箱，桥吊单机最高效率达到97自然箱，装卸效率非常高。如果你是上港集团的一员，参与完成了此项任务，有何感想？

知识储备

一、集装箱码头概述

集装箱码头是集装箱运输的枢纽，向外延伸国际的远洋运输航线，向内连接国内的铁路、公路、水路等运输线路，是各种运输方式衔接的换装点和集散地。图3-1所示为集装箱码头的标准布局。

图3-1 集装箱码头的标准布局

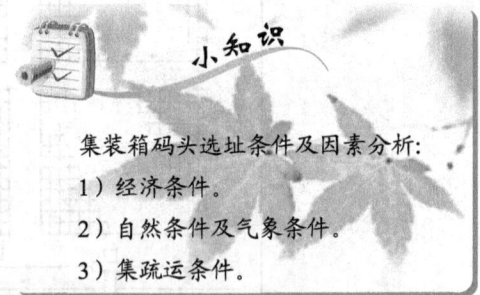

集装箱码头选址条件及因素分析：
1）经济条件。
2）自然条件及气象条件。
3）集疏运条件。

集装箱码头的基本要求：

1）具备设计船型所需的泊位、岸线及前沿水深和足够的水域，保证船舶的靠、离。

2）具备码头前沿所需的宽度、码头纵深及堆场所需的面积，保证集装箱堆存、堆场作业和车辆通道的需要。

3）具备适应集装箱装卸船作业、水平运输作业及堆场作业所必需的各种装卸机械和设施，以实现各项作业的高效化。

4）具有足够的集疏运能力及多渠道的集疏运系统，以保证集装箱的及时集中和疏散。

5）具有维修保养设施及相应人员，以保证正常作业需要。

6）具有现代化管理和作业的必需手段，采用电子计算机及数据交换系统。

二、集装箱码头的设施及其布局

集装箱码头的整个装卸作业是采用机械化、大规模生产的方式进行的，这就要求合理布置码头上各项设施，并使它们有机地联系起来，形成一个各项作业协调一致、相互配合的有机整体，实现高效率的、完善的流水作业，降低运输成本和装卸成本，实现最佳的经济效益。

集装箱码头的发展趋势：泊位深水化、装卸设备大型化、装卸工艺系统化、集疏运设施现代化、生产信息化、码头泊位高效化、港口生产组织合理化。

适应吊装式全集装箱装卸作业的集装箱专用码头的平面布置如图3-2所示。

对于集装箱滚装船的装船运输，其码头设施主要是供集装箱滚动方式装卸作业的倾斜跳板以及适应滚装轮的广阔陆域和堆场面积；对于多用途船，一般在多用途码头进行作业；对于集装箱载驳船，所需码头设施更简单，甚至可在锚地等水域作业。

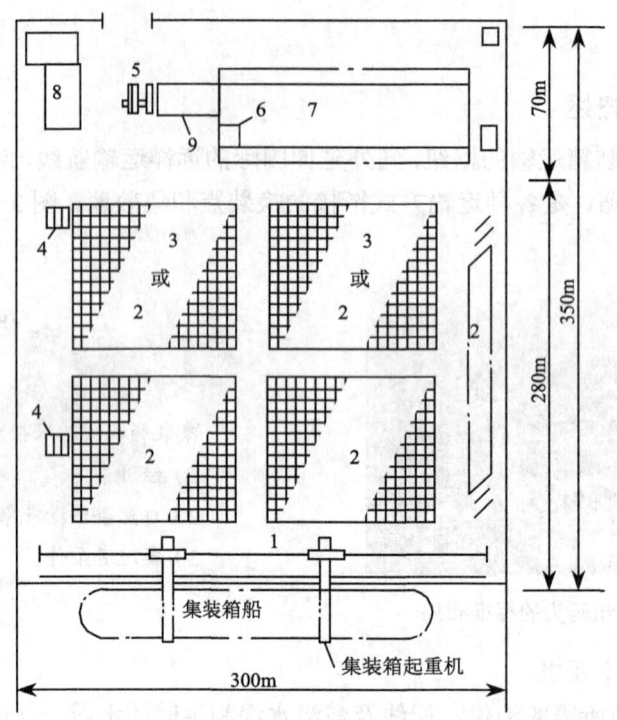

图 3-2　集装箱专用码头的平面布置

1—码头前沿　2—编排场　3—集装箱堆场　4—调头区　5—大门
6—控制塔　7—拆、拼箱库　8—维修车间　9—办公楼

根据集装箱码头装卸作业和业务管理的需要，集装箱码头应有以下主要设施：

（1）靠泊设施：码头岸线是供来港装卸集装箱的船舶停靠使用的，其长度应根据其所停靠集装箱船的主要技术参数和有关安全规定而定。码头岸壁一般是指集装箱船停靠时所需要的系船设施。集装箱泊位长度一般为 300 m，前沿水深应满足设计船型的吃水要求，一般为 12 m 以上；岸壁上设置有系缆桩，用于集装箱船靠泊时拴住集装箱船；为保持岸壁不受损坏，岸壁前上方设有碰垫木。

（2）码头前沿：码头前沿是指沿码头岸壁到集装箱编排场（或称编组场）之间的码头面积。码头前沿设置有岸边集装箱起重机及其运行轨道。码头前沿的宽度可根据岸边集装箱起重机的跨度和使用的其他装卸机械种类而定，一般为 40 m 左右。集装箱码头前沿一般不设铁路线。

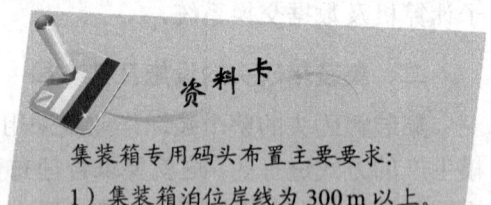

资料卡

集装箱专用码头布置主要要求：
1）集装箱泊位岸线为 300 m 以上。
2）陆域纵深一般为 350 m 以上，有的集装箱码头已高达 500 m。
3）码头前沿宽度一般为 40 m 左右。
4）每一集装箱专用泊位，配置两台岸壁集装箱起重机。

（3）集装箱编排场（前方堆场）：这是将准备的集装箱排列待装或即将卸下的集装箱准备好场地和堆放的位置。前方堆场只需要堆放上航次进港的集装箱和本航次即将出港的集装箱，常布置在码头前沿与集装箱堆场之间，其主要作用是保证船舶装卸作业快速而不间断地进行。编排场面积的确定，主要与集装箱码头吞吐量、设计船型的载箱量、到港船舶密度及装卸工艺系统有关。

（4）集装箱堆场：集装箱堆场是指进行集装箱交接、保管重箱和空箱的场所，有的还包括存放底盘车的场地。由于进出码头的集装箱基本上均需要在堆场上存放，因而堆场面积的大小必须满足集装箱吞吐量的要求，应根据设计船型的装载能力及到港的船舶密度、装卸工艺系统、集装箱在堆场上的排列形式等计算和分析确定。

（5）集装箱货运站：集装箱货运站有的设在码头之内，有的设在码头外面。货运站是拼箱货物进行拆箱和装箱的场所，主要任务是出口拼箱货物的接受、装箱，进口拼箱货物的拆箱、交货等。货运站应配备拆装箱及场地堆码的小型装卸机械等有关设备，货运站的规模应根据拆箱量及不平衡性综合确定，其宽度、纵深和高度应便于叉车进出作业。

（6）维修车间：维修车间是对集装箱及其专用机械进行检查、修理和保养的场所。它的主要任务是及时对集装箱及其主要机械进行检查、维修和保养，使其处于完好的技术状态，提高完好率，以保证集装箱码头生产正常进行。

（7）控制塔：控制塔是集装箱码头作业的指挥中心。其主要任务是监视和指挥船舶装卸作业及堆场作业。控制塔应设在码头的最高处，以便能清楚看到码头上所有集装箱的箱位及全部作业情况，有效地进行监督和指挥工作。

（8）大门：大门是集装箱码头的出入口，也是划分集装箱码头与其他部门责任的地方。集装箱码头门房的工作十分重要，所有进出口集装箱码头的集装箱均在门房进行检查，办理交接手续并制作有关单证，这些不但要作为划分责任的依据，也是实行集装箱码头计算机管理的重要数据来源。

（9）集装箱码头办公楼：集装箱码头办公楼是集装箱码头行政管理、业务管理的大本营。

（10）集装箱清洗场：其主要任务是对污箱进行清扫和冲洗，以保证空箱符合使用要求。清洗场一般设在码头后方并配备各种清洗设备。

> **小知识**
>
> 集装箱在堆场上的排列形式：
>
> 1）纵横排列法，即将集装箱按纵向或横向排列，此法应用较多。
>
> 2）人字形排列法，即集装箱在堆场堆放成"人"字形，主要用于底盘车装卸作业方式。

三、集装箱码头装卸设备

1. 岸壁集装箱装卸桥

岸壁集装箱装卸桥是码头前沿机械，承担集装箱装、卸船作业，是码头集装箱作业的起点和终点，其对集装箱的处理速度和效率往往决定整个集装箱码头的吞吐量。图3-3所示为岸壁集装箱装卸桥。

2. 跨运车

跨运车是用于集装箱码头短途搬运和堆码的机械，其机动性好，既可用于码头前沿至堆场的水平运输，又可用于堆场的堆码、搬运和装卸车作业。但其价格昂贵，维修费用高。图3-4所示为集装箱跨运车。

图 3-3　岸壁集装箱装卸桥

图 3-4　集装箱跨运车

3. 集装箱叉车

集装箱叉车是码头最常见的专门机械，可用于装卸、搬运及堆码作业，也可用于拆箱。根据货叉位置分为正面集装箱叉车和侧向集装箱叉车两种。集装箱叉车适用于空箱作业，可供一般吞吐量较少的多用途泊位使用。图 3-5 所示为集装箱叉车。

4. 集装箱正面吊运机

集装箱正面吊运机是目前码头堆场上使用最频繁的集装箱专用机械，优点：机动性强，可用于吊装作业，又可用于短距离搬运。一般可吊装 4 层箱高，稳定性好，轮压不大，因此是比较理想的堆场装卸搬运机械，不但适用于集装箱吞吐量不大的码头，也适用于空箱作业。图 3-6 所示为集装箱正面吊运机。

集装箱叉车的优点：机动灵活，既可用于水平运输，又可用于堆码、搬运及底盘车作业；造价低，使用方便，性能可靠。

集装箱叉车的缺点：轮压大，要求场地承载能力高。

图 3-5　集装箱叉车

图 3-6　集装箱正面吊运机

5. 龙门起重机

龙门起重机简称龙门吊，是在集装箱堆场上进行集装箱堆垛和车辆装卸的机械，有轮胎式和轨道式两种，如图 3-7、图 3-8 所示。

图 3-7　轮胎式龙门起重机

图 3-8　轨道式龙门起重机

6. 空箱堆高机

空箱堆高机可用于空箱堆场进行的空箱堆码和搬运作业。

其操作方式类似叉车，但起吊集装箱采用抓夹方式，一般可抓取 8t 空箱，可堆高 8 层空箱。图 3-9 所示为空箱堆高机。

7. 集装箱牵引车

集装箱牵引机也叫底盘车，主要用于集装箱在前后堆场转移。其最大的特点是能够直接挂接集装箱牵引车进行下一运程的运输，但占用空间较大，投资也大，码头面积利用率低。

图 3-9　空箱堆高机

8. 集装箱吊具

集装箱吊具是用于起吊集装箱的工具，主要有固定式、伸缩式和组合式三种。

9. 拆箱机械

拆箱机械一般包括 1.5～3.0t 低门架叉车、手推搬运车等。

四、集装箱在码头的装卸作业

1. 装卸船作业

由岸边集装箱起重设备进行集装箱的吊进、吊出作业，完成集装箱在前方堆场和船舱之间的转移。

2. 跨运作业

由集装箱跨运设备进行集装箱在前后堆场之间的移动作业。

3. 倒箱（捣箱）作业

由各种集装箱调运设备对在堆场内的集装箱进行堆放位置的调整，以便集装箱的堆存管理和吊装船舶运出码头。

4. 转运吊装、吊卸

对其他陆地运输工具运进和运出码头的集装箱进行的吊装作业。

 教师演示

第一步：搜集材料，了解我国及发达国家的集装箱码头。如果条件允许，可参观集装箱码头或播放视频：蛇口集装箱码头有限公司宣传片（http://www.sctcn.com/about/index.aspx?menuid=020105）。

第二步：举例说明集装箱码头的特点和要求。

第三步：模拟或观察操作装卸设备。如果条件允许，利用计算机软件或电子模拟设备操作效果会更好。

学生动手

第一步：查资料，获取我国和发达国家的集装箱码头发展现状及未来趋势等信息。

相关网站：蛇口集装箱码头有限公司（http://www.sctcn.com）、上海沪东集装箱码头有限公司（http://www.sect.com.cn）、赤湾集装箱码头有限公司（http://www.cwcct.com）和大连集装箱码头有限公司（http://www.dct.com.cn）。

第二步：举例说明在满足装箱码头装卸作业和业务管理需要的条件下，集装箱码头应有的主要设施及相关各项参数，如码头面积、堆场面积、集装箱深水泊位、岸线长、前沿水深、航道水深、岸桥、场桥、冷藏箱位等参数。

第三步：模拟或观察操作装卸设备。如果条件允许，利用计算机软件或电子模拟设备操作效果会更好。

举一反三

1. 请你上网查一查赤湾集装箱码头有限公司的业务情况。
2. 有条件的同学到集装箱码头或大型物流运输公司进行实习。

学习评价

被考评人					
考评地点					
考评内容	对集装箱码头的了解				
考评标准	内容	分值/分	自我评价/分	小组评议/分	实际得分/分
	获取集装箱码头资料信息量	40			
	相关性和准确性	30			
	集装箱码头装卸设备的认知度	20			
	交流时发言的情况	10			
	合计	100			

注：1. 实际得分=自我评价40%+小组评议60%。
    2. 考评满分为100分，60~74分为及格；75~84分为良好；85分以上为优秀（包括85分）。

任务二　学会集装箱码头进出口作业流程与操作

任务描述

集装箱码头的进出口作业是集装箱运输系统的重要环节，为使集装箱码头进出口业务有条不紊地进行，一定要规范进出口业务流程及具体操作规范。在出口业务中，要熟练掌握从船舶到港前的准备开始至船舶预配、实物配载、正式装船到装船结束的交接、单证处理的整个工作过程；在进口业务中，也要熟练掌握卸船、箱货的暂时堆存、箱货的交付等业务。要保障集装箱码头运输顺利完成，并提高运输效率和装卸效率，就首先要学会集装箱码头进出口作业流程与操作。

任务目标

1．熟悉集装箱码头的整个进出口业务流程。
2．学会各个环节具体业务操作。
3．能灵活处理工作中出现的各种各样的问题。
4．熟练填写进出口业务中的各种单证。

情景导入

上海集装箱码头有限公司在整顿内贸集装箱的超载问题时特作如下规定：卸船过程中发现超重箱，码头过磅核实并打印磅重小票，交客户服务部予以扣箱；客户服务部针对超重内贸箱扣箱信息通知相关船舶公司；船舶公司接到扣箱通知后，应及时联系客户到码头客户服务部办理超重箱减载或相关提运手续，否则码头不予放行。

知识储备

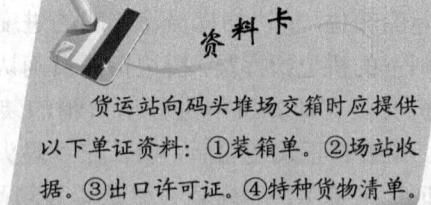

资料卡

货运站向码头堆场交箱时应提供以下单证资料：①装箱单。②场站收据。③出口许可证。④特种货物清单。

一、集装箱码头出口业务流程及操作

1．船舶到港前的业务

集装箱码头要顺利地完成出口集装箱装船作业，必须预先收到出口集装箱的单证资料，以便做好各项准备工作。因此，集装箱码头一般要求船舶公司或其代理在出口箱装船前8天提供如下必要单证资料：①出口用箱计划。②出口装货清单（订舱清单）。③预配箱清单。

集装箱码头单证管理员签收上述单证后，要做好分单工作。将出口装货清单和预配清单交给配载计划员，将用箱计划交给箱务管理员，如系拼箱货，还应将出口装货清单复印后交给货站。

（1）拼箱货作业装船准备工作：拼箱货是由于一批货物不足一整箱容量（采用20ft集装箱时不足24cm³，采用40ft集装箱时不足50cm³），为提高集装箱利用率，由货运站统一安排若干批货物拼装同一集装箱，拼装货一般以同一卸货港或同一航线为原则。货物于集装箱货运站（CFS，Container Freight Station 的简称）装箱后，运至码头堆场准备装船。

（2）整箱货作业装船准备工作：整箱货指达到一个或一个以上集装箱容积的75%或箱重负荷的95%的货物。整箱货一般由托运人到集装箱码头提取空箱（需办理设备交接单手续），

运回自己的仓库装箱,装箱完毕后再运回码头等待装船。整箱货作业装船准备工作流程,如图 3-10 所示。

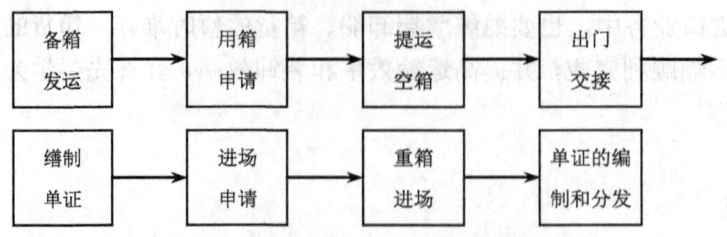

图 3-10 整箱货作业装船准备工作流程

2. 装船作业流程

(1) 出口重箱的进场期限:为了确保装船作业能顺利进行,码头一般规定出口箱的进场截止期限(一般为装船作业开始前的 24 小时),如果出口箱到港区时超过规定的期限,码头可以根据实际情况决定是否同意其进场。

(2) 编制配载图:船舶公司或其代理在出口箱进场的前一天,将预配船图送交码头作配载计划,码头配载员根据装箱单和货物代理人送来的经海关放关的场站收据及配船图进行配载制作。

(3) 堆场发箱:堆场员按控制室的指令发箱。发箱时,核对箱号,指挥场地机械发箱,并在装船顺序单上作注销记录。

(4) 船边验箱及装船:如发现有残损,应立即会同外轮理货员编制设备交接单,双方签字,各持一份。桥边指挥员指挥桥吊将集装箱吊至指定的船箱位,外轮理货员记录集装箱的实际船箱位。桥边指挥员将装船的进度及时通知控制室的桥边指挥员,桥边指挥员确认后通知计算机文员在计算机中进行出口箱的装船确认工作。集装箱正式装船后,船长在"码头装卸作业签证"上签字,表示船方确认集装箱已装船。

3. 装船结束工作

(1) 交接工作:工班结束后,船边验箱员将装船顺序单等单证交桥边指挥员汇总,由桥边指挥员和外轮理货员办理交接手续,双方核对本工班所装船的箱数、箱号以及残损单(设备交接单)的份数。核对无误后,各自在对方的装船顺序单上签字。然后,桥边指挥员与下一工班的桥边指挥员进行现场交接。堆场员将做完的装船顺序单交控制室船舶控制员签收。外轮理货员制作实际装船船图,交船舶公司。

> **资料卡**
>
> 集装箱码头作业的主要出口货运单证:①订舱单。②装货单。③装货清单。④危险品清单。⑤装箱单。⑥码头收据。⑦提单。⑧设备收据。⑨订舱清单。⑩空箱提交单。⑪批注清单。⑫保函。⑬发票。⑭报关单证。⑮出口许可证。

(2) 单证处理:集装箱码头在出口业务中既涉及外部单证,又涉及内部单证,单证的种类较为繁多。目前,随着我国沿海港口计算机通信技术的开发、运用和推广,其单证已逐步呈现无纸化趋势,原来许多繁杂的纸面单证,已通过企业内部的局域网以及外部的互联网进行传递和处理,特别是企业内部单证更是如此。

二、集装箱码头进口作业流程及操作

在集装箱进口货运业务中，码头主要负责卸船、箱货的暂时堆存、箱货的交付等业务。全过程可分为卸船前的准备工作、卸船作业、卸船结束后的小结、进口集装箱箱货交付（整箱交付、拆箱交付）四个阶段。

1. 卸船前的准备工作

（1）进口资料收集整理：对远洋航线定期班轮，一般要求船舶公司或其代理在船舶到港前96小时，向集装箱码头提供进口集装箱货运单证资料。

（2）制订船舶靠泊计划：船舶公司在收到船舶从最后装运港寄来的集装箱货运资料后，应预计船舶到港时间，并将预计到港时间通知码头，同时船舶公司按集装箱码头要求，在规定时间内尽早将有关进口集装箱货运资料送交集装箱码头。主要包括船舶近期计划和船舶昼夜计划。

（3）进口集装箱货运资料的签收：集装箱码头单证管理员收到船舶公司提供的进口集装箱货运资料后，要核数、签收、复印和分发。

（4）编制卸船计划：码头计划员收到有关进口集装箱的货运资料后，应认真及时地进行分析和核对，然后根据计划靠泊方向，按船图编制集装箱卸船计划，即编制集装箱卸船顺序单。集装箱卸船顺序单按照集装箱的船箱位编制。编制的原则是由后往前、由上到下、由里向外，逐层编制。为了避免卸船作业出现差错，要求最好一次编完。

（5）安排堆存计划：进口箱在码头堆场堆放得合理与否，不但会影响卸船计划的顺利进行，而且还会影响货主提箱，即交货计划的进行。码头堆场必须充分考虑进口集装箱的箱量、箱型、危险品、交货地等因素，制订合理的堆存计划。如果是卸空箱，在制订堆存计划时还要考虑空箱集装箱经营人。

2. 卸船作业

（1）核对计划：船舶到港后，码头进口业务员或桥边指挥员上船向船方领取随船到港资料，包括船图、舱单资料，并向船方了解有关进口箱货位的实载情况。如果实载情况与原始资料有出入，应迅速调整卸船计划，同时更正相应的堆存计划。

小知识

远洋航线定期班轮提供进口集装箱货运单证资料：①进口舱单。②进口船图。③集装箱箱号清单。④危险品箱清单及准单。⑤冷藏箱、特种箱和捎带散杂货清单。⑥集装箱残损单。

小知识

制订堆存计划时应遵循堆存原则：
1）不同尺寸的集装箱分开堆放。
2）空箱与重箱分开堆放。
3）整箱与拼箱分开堆放。
4）同一提单号的大票货集中堆放。
5）中转箱单独堆放。
6）特种箱堆放在特种堆场。
7）危险品箱堆放在危险品堆场。
8）冷藏箱堆放在冷藏箱堆场。

小知识

桥吊卸船及验箱的注意事项：
1）如果箱号正确且外表及铅封完好，则在卸船顺序单上填上该箱的实卸时间。
2）如果箱号有误或外表及铅封有损，则应该在该集装箱箱号后注明异常情况，并立即会同理货员向船方提出，请船方确认。
3）集装箱如在装卸过程中有残损，应认真填制集装箱设备残损报告单，并由负责人签字。

（2）开工准备：综合控制员在开工前将卸船顺序单、船图各一份交船边验箱员；其余交桥边指挥员、堆场指挥员和外轮理货员。卸船作业开始前半小时，装卸工拆除船上的绑扎，并协助验箱员和理货员检查箱子的外表状况。如发现集装箱有残损，验箱员和理货员要做好集装箱的设备交接单的缮制工作。双方认可后，各持一份。

（3）桥吊卸船及验箱：卸船作业开始，船边验箱员按卸船顺序单上列明的卸船顺序，核对桥吊下的集装箱箱号，检查外表及铅封的完好性。

（4）堆场收箱：卸船前控制室场业控制员指挥轮胎吊到达指定堆场位置待命。集装箱卡车到达指定的堆场后，轮胎吊收箱。轮胎吊司机在箱落地后，将实际箱号和箱位及时通知控制室的控制文员，控制文员实时将箱号和箱位输入计算机内。

（5）复核和交接：工班结束后，各当班人员应认真做好单证的复核、验箱和交接，上一班应向下一班交接完成情况以及未完成的作业。

3. 卸船结束后的小结

1）编制进口集装箱单船小结。船舶卸船结束后，配载室进口文员将实卸箱号清单同进口仓单资料进行核实，完成溢缺校对更正后编制进口集装箱单小结。

2）编制进口卸船清单。

3）资料汇总、分发、归档。进口文员做完上述两项工作后，接着就要做交接工作，将全部单船进口资料和全部单证报表列明清单交单证管理员。

4. 进口集装箱箱货交付

在集装箱运输中，一般都由船舶公司先向收货人发出提货通知。收货人接到提货通知后，凭正本提单到船舶公司换取提货单，随附费用账单和交货记录两联。收货人持上述单证随其他进口货物报关、包验单证，办理完"一关三检"、放箱、理货和陆管处手续后，到码头办理提货手续。

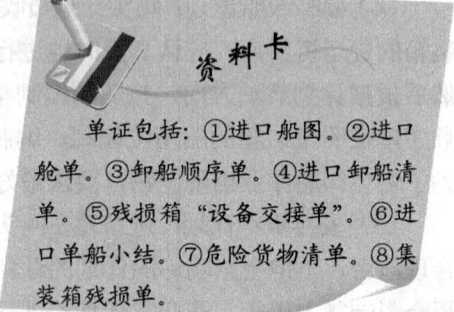

资料卡

小结的内容包括：船名、航次、靠泊时间、总卸箱数、开工和完工时间、溢缺清单、残损清单。

资料卡

单证包括：①进口船图。②进口舱单。③卸船顺序单。④进口卸船清单。⑤残损箱"设备交接单"。⑥进口单船小结。⑦危险货物清单。⑧集装箱残损单。

（1）整箱提运作业流程如图3-11所示。

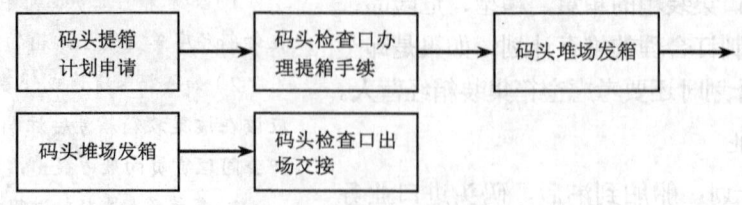

图3-11　整箱提运作业流程

（2）拆箱提货作业：进口集装箱拆箱作业包括拆箱车提、拆箱落驳、拆箱装火车。

顺序为：作业计划申请 ⟶ 堆场发箱 ⟶ 拆箱发货和交接 ⟶ 空箱归位。

（3）仓库提货作业流程，如图3-12所示。

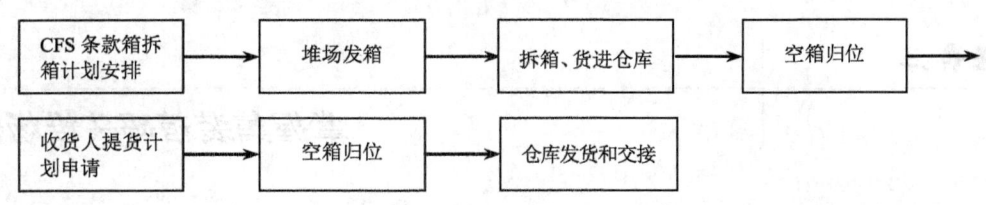

图 3-12　仓库提货作业流程

教师演示

第一步：准备进出口业务所需要的各种单证，将学生分组。

第二步：有条件的可以使用集装箱码头管理软件，在实训室进行模拟实训。或模拟企业进出口业务中的几大流程，每小组学生模拟企业的不同部门进行实际操作训练。

第三步：提出在实际工作中经常出现的各种问题或错误让学生解决，提高学习知识的灵活性。

第四步：总结实训或模拟训练中出现的问题，提出相应的解决方案。

学生动手

第一步：熟悉各种单证的填写，熟练掌握进出口作业的流程与各种规定，遇到问题能灵活解决。使用管理软件的学生要熟悉软件的使用操作。

第二步：熟练解决工作中的问题，如船舶到港前的业务准备、编制配载图、装船结束后的单证处理、卸船作业开始时船边验箱员应该做的工作等。

第三步：灵活处理随机问题及意外事件，如单证有误、拼箱有误等问题。

举一反三

1. 绘制进出口作业流程图。
2. 熟悉各项业务的具体规范和操作规程。

学习评价

被考评人					
考评地点					
考评内容		单证的使用情况			
考评标准	内　　容	分值/分	自我评价/分	小组评议/分	实际得分/分
	单证的填写准确性、熟练性	40			
	解决工作中问题的能力	40			
	各项工作之间的协调能力	10			
	参与能力	10			
	合　　计	100			

注：1. 实际得分=自我评价40%+小组评议60%。

2. 考评满分为100分，60～74分为及格；75～84分为良好；85分以上为优秀（包括85分）。

任务三　掌握集装箱码头堆场管理

任务描述

集装箱进入码头后，码头就对集装箱负有保管责任，要及时跟踪和掌握集装箱在堆场的每一次搬移与动向，因此堆场管理与箱务管理密不可分。箱务管理的前提和基础就是堆场管理。堆场管理是集装箱码头生产的一个重要环节，堆场的堆箱规则、堆场的分区、进出口箱的堆放及集装箱在堆场的搬移是否合理、效率的高低，都直接关系到码头的堆场利用率和翻箱率，同时也影响到装卸船作业效率和船期。

任务目标

1. 掌握集装箱码头的堆场规则。
2. 学会堆场箱位的表示方法。
3. 能科学合理地安排进出口重箱进场，力求提高堆场利用率。
4. 熟练集装箱码头堆场作业业务和规则。

情景导入

盐田国际集装箱码头的东莞大岭山堆场，方便了出口厂商直接从大岭山堆场提空箱装货出口，而进口重箱卸货后也只需将空箱交回该堆场，减少了以往空箱必须往来码头的不必要。大岭山堆场全年运作，提供集装箱管理、堆存、清洁和维修等服务，并同盐田国际计算机系统联网，实现信息共享，同时大大降低了物流链上的成本。由此可以深深体会到集装箱码头堆场管理的重要。

知识储备

集装箱码头操作必然要采用一切可以利用的信息技术，以提高码头的信息处理能力，提高装卸效率，合理利用堆场。集装箱码头是集装箱运输系统的集结点和枢纽站，通常有大量的集装箱在码头集中、暂存和转运。

一、集装箱码头堆场管理

1. 堆场的堆箱规则

堆场的堆箱规则主要取决于装卸工艺系统，目前我国绝大部分集装箱码头所采用的是装卸桥轮胎式龙门吊装卸工艺系统，与该工艺系统相应的是六列加一通道堆箱规则，即每个箱区的宽度为6列箱宽再加上一条集装箱卡车车道的宽度。堆高层数视龙门吊的作业高度而定，有堆三过四的，也有堆四过五或堆五过六的，国外有的集装箱码头最大堆高层数已达九层。目前我国沿海港口基本采用堆四过五的堆箱规则。

为了便于箱区的集装箱管理，码头通常还规定了堆场箱位的表示方法。堆场箱位的表示方法目前尚不统一，由各集装箱码头用字母、数字或字母与数字相结合来表示。六位数字的头两位表示箱区，其中第一位数字表示对应的泊位，第二位数字表示从海侧开始的箱区排序；中间两位数字表示位，即沿用船箱位 BAY（BAY 表示集装箱在专用船上的横排积载位置）的表示方法，分别以奇数表示 20ft 箱位，偶数表示 40ft 箱位；最后两位数字的前一个数字表示列，分别用数字 1~6 表示，最后一个数字表示层，从底层至第四层用 1~4 表示。例如，210533 表示 21 箱区、05 位、第 3 列、第 3 层箱位。

2. 堆场的分区

1）按堆场的前后位置，可分为前方堆场和后方堆场。
2）按进口和出口业务，可分为进口箱区和出口箱区。
3）按不同的箱型，可分为普通箱区、特种箱区、冷藏箱区和危险品箱区。
4）按集装箱的空重，可分为空箱区和重箱区。
5）按中转类型，可分为国际中转箱区和国内中转箱区。

上述堆场分区一般应根据集装箱码头的堆场容量、作业方式和码头的集装箱容量综合加以应用。

3. 出口箱的堆放

集装箱码头通常在装船前 3 天开始受理出口重箱进场作业，必须科学合理地安排出口重箱进场，力求提高堆场利用率，减少翻箱率，保证船舶规范要求和船期。在安排出口重箱进场时，应满足以下基本要求：

1）根据船舶计划的靠泊位置和作业路线，安排进口箱时要尽可能靠近船舶靠泊的泊位，避免各路作业的线路交叉、道路拥挤和机械过于集中等不利因素。
2）根据船舶稳定性、吃水性规范要求和沿线船舶靠港作业要求，将不同卸港、不同吨级、不同箱型和不同尺寸的集装箱分开堆放，以便装船作业时按配载图顺次发箱，减少堆场翻箱找箱。
3）集装箱码头生产任务繁忙，特别是多船装卸作业与大量进口箱的提箱作业同时进行时，更要从整个码头的作业效率出发统筹兼顾。箱区的安排分配要与船舶泊位、作业路线、作业量以及机械分配等各种因素结合起来，力求最佳的动态平衡。

4. 进口重箱的堆放

进口重箱自卸船后 7 天内要按不同的收货人发箱提运，因此进口重箱的堆放要兼顾船舶的卸船作业和货主的提箱作业。

1）按照船舶计划的靠泊位置和作业路线选择合适的箱区，提高卸船作业效率。

2）不同箱子分开堆放。重箱与空箱分开堆放，不同尺寸箱子分开堆放，不同箱型分开堆放，好箱与坏箱、污箱分开堆放。应严格做到中转箱堆放于海关确认的中转箱区，冷藏箱堆放于冷藏箱区，特种箱堆放于特种箱区，危险品箱堆放于危险品箱区。此外，对大票箱尽量相对集中堆放，以便在货主提货时充分利用堆场机械发箱作业效率，对空箱还应按不同的持箱人堆放，以便空箱发放或调运。

5. 集装箱在堆场的搬移

为了方便堆场作业、提高堆场利用率和机械作业效率，集装箱码头要对堆场上的集装箱进行必要的搬移。

1）装船结束后退关箱的搬移，如出口箱进入码头后，由于报关或船舶超载等原因，会有一些集装箱不能装船出运，造成退关。退关箱稀疏地滞留在原来的出口箱区内，会影响其他船舶出口箱的进场，因此装船结束后必须将这些退关箱及时核实和处理，或相对集中堆放于原箱区内，或转移到其他箱区。

2）进口箱集中提运前的搬移，如进口箱堆场安排欠妥或在卸船时无法兼顾，当集装箱码头受理台受理提箱作业后，应将进口箱作适当的搬移，以方便货主提箱，减少等待时间，同时又可充分利用堆场机械的作业效率。例如，将受理提箱的集装箱移入一个单独的箱区，以方便发箱。又如，将大批量同一货主的集装箱转移一部分至其他箱区，以减少集装箱卡车的排队等候时间。

3）进口箱提箱作业基本结束后的搬移，如收货人在办妥进口清关手续后，通常会在相对集中的几天时间内到码头提运进口重箱，当这一提箱高峰过后，由于少数货主的原因不能及时提箱，使一些集装箱零星地分散在进口箱区中，必须及时进行搬移归并。

4）空箱的搬移，主要是将收货人拆箱后的回空箱、集装箱货运站拆箱后的空箱及时转入空箱区以及为满足发货人提空箱的需要而对空箱进行必要的搬移。

5）装船需要的搬移，为提高码头作业效率、保证班轮船期，而对一些不符合要求的集装箱进行必要的搬移。

二、集装箱码头堆场作业

集装箱码头堆场作业主要包括集装箱进出场作业（卸船收箱、装船发箱、进箱收箱、提箱发箱）以及集装箱在场内的移动（转堆、翻箱）。

1）出口箱进箱及装船作业，如图 3-13 所示。

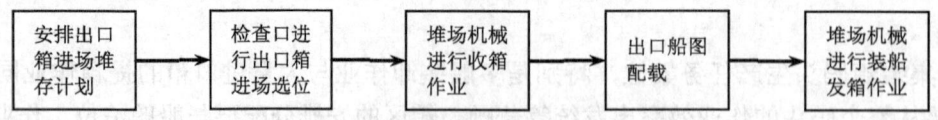

图 3-13　出口箱进箱及装船作业流程图

2）进口箱卸船及提箱作业，如图 3-14 所示。

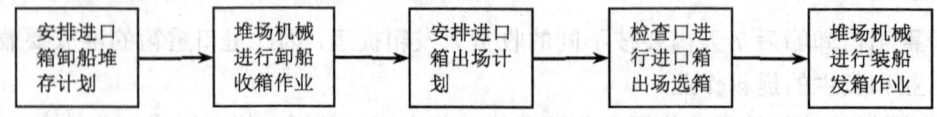

图 3-14　进口箱卸船及提箱作业流程图

3) 中转箱卸船及装船作业，如图 3-15 所示。

图 3-15　中转箱卸船及装船作业流程图

4) 场内转堆及翻箱作业。转堆是指将集装箱由堆场上某一箱位转移到其他箱位的操作，包括三个过程，即转堆发箱、集装箱卡车拖运和转堆收箱。翻箱是指对某一集装箱进行作业时，将压在其上的其他集装箱转移到同一位的其他排的操作。

教师演示

第一步：了解我国沿海港口堆场采用哪些堆箱规则。
第二步：练习集装箱码头通常使用堆场箱位的表示方法。
第三步：熟悉集装箱码头堆场作业主要流程。让学生能够进行卸船收箱、装船发箱、进箱收箱、提箱发箱以及集装箱在场内的移动等操作。

学生动手

第一步：查资料，获取我国及发达国家的集装箱码头经常采用的堆箱规则，或到集装箱码头堆场进行实地调研。
第二步：熟练掌握我国集装箱码头通常使用堆场箱位的表示方法。
第三步：学生到码头实习，熟悉卸船收箱、装船发箱、进箱收箱和提箱发箱等业务。

举一反三

案例：

上海港——稳居全球第一

上海港位于"黄金水道"与"黄金海岸"交汇点，地理和自然条件十分优越，腹地经济发达，集疏渠道畅通。随着全球经济的回暖和上海国际航运中心建设全速推进，在 2010 年上海港集装箱吞吐量达 2 905 万标准箱，超过新加坡港的 2 840 万标准箱。而洋山港集装箱吞吐量达 1 010.77 万标准箱，占上海港集装箱总量的 1/3。

2011 年 1 月份洋山港迎来开门红，国际干线集装箱船舶进出港数量同比增长 36.01%，内支线船舶同比增长 15.28%，大型油轮进出港数量同比增长 388.89%，LNG 船舶进出港数量同比增长 33.33%。

由于船舶进出港频次逐渐加大，突显航道资源稀缺，船舶交汇、碰撞风险倍增，洋山港

海事处除了增开了 VTS 监控专台、运用信息化手段进行"电子巡航"以外，还实施了空中巡航检查，对客轮特别监管，安排 LNG 船舶优先进出港，加强打击私渡船，对重点船舶护航等措施。

讨论：国内外的大型港口正在进军现代物流业，说明现代物流已赋予了集装箱码头新的功能，也为现代化集装箱码头提供了更大的发展空间。谈谈你的看法。

 学习评价

被考评人					
考评地点					
考评内容	集装箱码头堆场管理				
考评标准	内　　容	分值/分	自我评价/分	小组评议/分	实际得分/分
	基础知识掌握程度	40			
	实际应用能力	30			
	具体操作的动手能力	20			
	学习的态度与热情	10			
	合　　计	100			

注：1. 实际得分=自我评价40%+小组评议60%。
　　2. 考评满分为100分，60～74分为及格；75～84分为良好；85分以上为优秀（包括85分）。

第四单元　集装箱货运站管理

任务一　　了解集装箱货运站业务

任务描述

集装箱货运站是国际集装箱运输及多式联运中极其重要的环节和组成部分，货运站主要是为港口进出口集装箱运输提供配套服务的，具有完成复杂的综合业务的功能。通过集装箱货运站，可形成一个有机的深入内陆的运输网络，从而可以有效地进行集装箱货物的集合和疏运，科学合理地布置集装箱货运站的设备和设施，实现集装箱的"门到门"运输。选择相适应的规模，配置合理、经济的综合功能，为国际集装箱多式联运创造条件。

任务目标

1. 明确集装箱货运站的设备和设施基本布局。
2. 掌握集装箱货运站的进出口业务内容。
3. 学会各项业务之间协调配合。

情景导入

上海某家公司（以下称发货人）出口30万美元的皮鞋，委托集装箱货运站装箱出运，发货人在合同规定的装运期内将皮鞋送至货运站，并由货运站在卸车记录上签收后出具仓库收据。该批货出口提单记载了场到场运输条款、货主装载、计数（SLAC，Shipper's Load And Count 的简称）、离岸价（FOB，Free On Board 的简称）、由国外收货人买保险。国外收货人在提箱时箱子外表状况良好，关封完整，但打开箱门后一双皮鞋也没有。为什么会出现这样的问题呢？

知识储备

一、集装箱货运站的种类

集装箱货运站是指进行集装箱拼箱与拆箱业务的企业或部门。集装箱货运站在整个集装箱运输和集装箱多式联运中，发挥了"链接"和"纽带"的作用。集装箱货运站主要可分成三类：

1. 设置于集装箱码头内的集装箱货运站

这类集装箱货运站主要处理各类拼箱货，进行出口货的拼箱作业和进口货的拆箱作业。货主托运的拼箱货，凡是出口的，均先在码头集装箱货运站集货，在货运站拼箱后，转往出口堆箱场，准备装船；凡是进口的，均于卸船后运至码头集装箱货运站拆箱，然后向收货人送货，或由收货人提货。一般的集装箱码头，均设有集装箱货运站。

2. 设置于集装箱码头附近的集装箱货运站

这类集装箱货运站设在码头附近，独立设置，不属于集装箱码头。

3. 内陆集装箱货运站

这类集装箱货运站设于内陆，既从事拼箱货的拆箱和装箱作业，又从事整箱货的拆箱和装箱作业。有的办理空箱的发放和回收工作，代理船舶公司和租箱公司，作为空箱的固定回收点。内陆的拼箱货或整箱货，可先在这类集装箱货运站集货和装货，然后通过铁路和公路运输，送往集装箱码头的堆场，准备装船。

二、集装箱货运站的设备和设施

1. 带装货月台的仓库

集装箱货运站一般均要配备具有一定面积的仓库，用以集货与暂存拆箱后等待提取的货物。仓库除了储存区，一般还应有装、拆区。同时，仓库应配备装、拆箱月台，便于不卸车直接进行装箱和拆箱。

2. 堆箱场地

集装箱码头内的集装箱货运站，不一定要拥有自己单独的堆箱点；集装箱码头附近的集装箱货运站及内陆集装箱货运站，则必须拥有一定面积的集装箱堆场。一方面可以用于暂时堆存已装好或中转的重箱，另一方面还可以作为集装箱码头集中到达或卸船箱子的疏运地点。作为船舶公司和箱公司收箱点的集装箱货运站，还应有较大的场地，用于堆放回收的空箱。

3. 拆装箱机械与堆场机械

用于拆、装箱的机械，主要是小型叉车；用于堆场的机械，主要有集装箱叉车、汽车吊等。规模较大的集装箱货运站，可以配备集装箱面吊，用于堆场、装车和卸车。

4. 辅助设施

1）洗箱场地用于某些集装箱装货前的清洗。

2）有条件的集装箱货运站可设置修箱部

集装箱货运站的主要任务：
1）集装箱货物的承运、验收、保管和交付。
2）拼箱货的装箱和拆箱作业。
3）整箱货的中转。
4）重箱和空箱的堆存与保管。
5）货运单的处理，运费和堆存费的结算。
6）集装箱及集装箱车辆的维修与保养。

门，开展修箱业务。

3）集装箱卡车停车场和加油站。集装箱货运重箱和空箱，以及货物的运进和运出，一般都通过集装箱卡车进行，所以通常应配备一定面积的集装箱卡车停车场和加油站。

4）修理车间用于修理集装箱货运站的装拆箱机械和堆场机械。

5）管理与生活后勤设施，包括集装箱货运站业务管理建筑和生活建筑。

三、集装箱货运站的进出口业务

1. 集装箱货运站的进口业务

1）做好交货前的准备工作。集装箱货运站在船舶到港前几天，从船舶公司或其代理人处拿到提单副本或场站副本、货物舱单、集装箱装箱单、装船货物残损报告、特殊货物表等单证。货运站根据以上单证做好拆箱交货准备工作。

2）发出交货通知。货运站根据船舶进港时间及卸船计划等情况，联系码头堆场，决定提取拼箱集装箱的时间，制订拆箱交货计划，并确定给收货人发出交货日期的通知。

3）从码头堆场领取重箱。货运站经与码头堆场联系办妥后，即可从码头堆场领取重箱，双方应在集装箱装箱单上签字，对出堆场的集装箱应办理设备交接手续。

4）拆箱交货。货运站从堆场取回重箱后即开始拆箱作业，拆箱后应将空箱退回码头堆场。收货人前来提货时，货运站应要求收货人出具船公司签发的提货单，经单、货核对无误后方可交货。双方应在交货记录上签字，如发现货物有异常，则应将异常情况记入交货记录的备注栏内。

5）收取有关费用。集装箱货运站在交付货物时，应检查保管费及有无再次搬运费，如已发生有关费用，则应收取费用后再交付货物。

6）制作交货报告或未交货报告交送船舶公司，以便船舶公司据此处理有关事宜。

2. 集装箱货运站的出口业务

1）办理并接受托运人的出口拼箱交接货物。

2）拼箱货装箱。应根据货物的积载因数和集装箱的箱容系数，尽可能充分利用集装箱的容积，并确保箱内货物的安全无损。

3）制作装箱单。货运站在进行货物装箱时，应制作集装箱装箱单，制单应准确无误。

4）将拼装的集装箱运至码头堆场。货运站在装箱完毕后，在海关监管下，对集装箱加海关封志，并签发场站收据。同时，应尽快联系码头堆场，将拼装的集装箱运至码头堆场。

 教师演示

第一步：教师带领学生到集装箱货运站企业参观，最好是事先联系好的，由货运站的专业人员接待讲解，并带领学生参观。了解集装箱货运站应具备的基础设备和设施及应用。

第二步：结合该企业来介绍集装箱货运站的进出口具体业务、流程以及工作中经常出现的问题和注意事项。

第三步：回来后将理论结合实际进行总结。

学生动手

第一步：调研，认真观察，仔细听取货运站专业人员的讲解。
第二步：发现问题要及时询问并作记录。
第三步：绘制该企业集装箱货运站的进出口业务流程图。

举一反三

1．写调查报告。
2．上网查一查国内著名企业的集装箱货运站的业务情况。

学习评价

被考评人					
考评地点					
考评内容	集装箱货运站调研能力				
考评标准	内　　容	分值/分	自我评价/分	小组评议/分	实际得分/分
	调研记录内容全面、准确	40			
	调研的书面总结及时、认真	30			
	调查报告的合理性	20			
	调研过程总体表现	10			
	合　　　计	100			

注：1．实际得分＝自我评价40％＋小组评议60％。
　　2．考评满分为100分，60～74分为及格；75～84分为良好；85分以上为优秀（包括85分）。

任务二　　掌握货物在集装箱内的装载

任务描述

货物在集装箱内的装载，涉及运输货物的种类、性质和包装机器对运输的要求，因此必须选择合适的集装箱；在货物装箱前，要对集装箱进行的检查及选择正确的装载方法。既要

第四单元 集装箱货运站管理

保证箱内货物在运输全程的货运质量,又要充分利用箱容,提高装载能力。

任务目标

1. 能综合考虑选用合适的集装箱。
2. 明确集装箱经过集装箱码头大门时,对集装箱应如何检查。
3. 掌握如何最佳配载集装箱。
4. 熟悉几种常见的典型货物的装载方法。

情景导入

2011 年春天,某轮 0012E 航次停靠在比利时的安特卫普港装货,欧控操作部负责公司船舶在欧洲地区的集装箱配载工作。作预配时,欧控德籍配载员将五个 8 类危险品小柜配在 39BAY 舱内,根据该轮《危险品适装证书》记载规定,第五货舱内不允许积载危险品箱,而 39BAY 正属于第五货舱的前半部分,显然是配错了地方。在装货前,该轮船长和大副没有认真检查码头提供的预装船图,且没有及时发现问题。船航行到下一港西班牙的瓦伦西亚时,被港口当局检查发现,造成倒箱 73 个,损失两天船期并被迫出具 10 万欧元的担保,造成了很大的经济损失。该案例体现了集装箱配载工作的重要性。

知识储备

一、集装箱的选择

根据内装货物的品种、理化性能、去向、运输所需时间、多式联运换装的次数与运输工具等,集装箱货运站应首先认真综合考虑,选用合适的集装箱。

1)货物物理和化学特性的影响。货物的物理特性主要是外形尺寸与重量。有时一些货物的外形高度,从表面看低于集装箱内高,装载应没有问题。但由于集装箱的角件有突出部分在箱内,所以其四角的某些部分的净空高度小于名义高度,装箱时会发生困难。

2)运输所采用多式联运方式的影响。货物在多式联运中,可能要在船、火车和卡车之间进行多次换装,选用集装箱时应考虑所选用箱型能否在各种运输工具之间顺利换装,会不会超过某段公路的负荷限制和涵洞的高度限制等。有些国家在集装箱公路运输中,对车辆容许长度、重量和净空高度有不同的限制,这些问题在箱型选择时均应充分考虑。

集装箱在各国的特殊规定:
1)澳大利亚和新西兰就规定,入境集装箱上所使用木材必须经过防虫处理,带有相关的铭牌。所以运输货物到澳大利亚和新西兰,必须选用带有这一铭牌的集装箱。
2)凡经欧洲铁路运输的集装箱,必须符合《国际铁路运输相关公约》的规定,满足一定的技术条件。

53

3）装卸作业的影响。在选择箱子时，还应充分考虑箱子未来交货与拆箱地点的条件，如采用什么样的机械，有无拆箱月台，有无特殊的规定和要求等。有些货物在装箱时需要用木材来固定货物，这时就应避免使用玻璃钢集装箱和箱底无木制底板的金属底集装箱，以免箱体被钉子破坏，影响箱子的水密性等。

4）各国特有法令和法规对进入本国或过境运输的集装箱有特殊规定，如不符合这些规定或集装箱上缺乏某些标志，入境或过境时就会发生麻烦。

5）货流条件影响。有些运输线路来回货流不平衡或货种不平衡，这时应考虑更多选用通用集装箱，而不是专用集装箱，使集装箱的回空运输尽可能减少。

二、集装箱的检查

为了确保货物的安全运输，发货人或集装箱货运站应检查空箱的技术状态是否良好。集装箱经过集装箱码头大门时，要对集装箱进行状态检查。为了防患于未然，在货物装箱前必须对集装箱进行仔细检查，如在检查中发现集装箱有损伤或不符合技术要求，则应调换或进行修理。有关人员对集装箱进行交接时，除对箱进行检查外，还应以书面形式（设备交接单）确认箱子交接时的状态。对集装箱主要进行如下检查：

1. 外部检查

外部检查主要检查集装箱外表面是否有损坏、变形、凹痕和擦伤等情况。

2. 内部检查

内部检查主要对集装箱内部表面进行检查，注意是否漏光、漏水，有无污点、水迹等。

3. 箱门检查

箱门检查主要检查箱门能否顺利关闭，门锁是否完整并能完全锁上等。

4. 清洁检查

检查集装箱内有无残留物、污染、锈蚀异味和水湿等。如不符合要求，要进行清洁处理，直到达到要求后方能装箱。

5. 属件和附件检查

检查固定货物用的系环和孔眼附件安装状态是否良好，板架式集装箱的立柱状态，开顶集装箱上部延伸用加强结构的状态，通风集装箱上的通风口能否关闭等。

三、箱内货物配载

1. 箱内货物配载的原则

1）货物的安全与质量第一，有禁忌的货物，绝不能混装。

2）集装箱装载货物后，其总重量不能超过限重。

3）尽可能使集装箱的负荷与容积均被充分利用。一般将货物密度大于集装箱单位容重的货，称为"重货"；小于

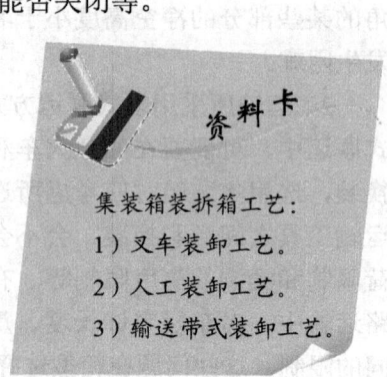

资料卡

集装箱装拆箱工艺：
1）叉车装卸工艺。
2）人工装卸工艺。
3）输送带式装卸工艺。

单位容重的货，称为"轻货"。重货与轻货适当搭配，可以充分调节集装箱的负荷与容积，使之在两个方面都得到充分利用。

2. 箱内货物配载数量的确定

一般情况下，适箱货均为"轻泡货"。这时，最合理的装载量是使集装箱内的空余容积为最小的装载量。为合理配载，应充分考虑货物尺寸与集装箱内部尺寸的最佳搭配。

集装箱装拆箱时应注意的事项：

1）装载时要使箱底板上的负荷均匀，避免因集中负荷而使箱底脱落或底梁弯曲。
2）严禁负荷重心偏向一边，否则在起吊集装箱时，集装箱会产生倾斜，影响安全。
3）装箱时要注意货物有无"不可倒置"、"平放"、"竖放"等装卸指示标志；货物装载要紧密整齐堆放，货物之间不应留有空隙。
4）应使用清洁和干燥的衬垫、胶合板和席子等做缓冲材料或分隔材料。

四、典型货物的装载

1. 纸箱货的装箱操作

纸箱是集装箱货物中最常见的一种包装，一般用于包装比较精细和质轻的货物。纸箱装箱操作的注意事项：如果集装箱内装的是统一尺寸的大型纸箱，会产生空隙。当空隙为10cm左右时，一般不需要对货物进行固定；但当空隙很大时，就需要按货物具体情况加以固定。如果不同尺寸的纸箱混装，应先就纸箱大小合理搭配，做到紧密堆装。拼箱的纸箱货应进行隔离。隔离时可使用纸、网、胶合板等材料，也可以用粉笔、带子等作记号。纸箱货不足以装满一个集装箱时，应注意纸箱的堆垛高度，以满足使集装箱底面占满的要求。

纸箱的装载和固定操作包括的要点：

1）装箱是要从箱里往外装，或从两侧往中间装。
2）在横向产生250～300 cm的空隙时，可以利用上层货物的重量把下层货物压住，最上层货物一定要塞满或加以固定。
3）所装的纸箱很重时，在集装箱的中间层就需要适当地加以衬垫。
4）箱门端留有较大的空隙时，需要利用方形木条来固定货物。
5）装载小型纸箱货时，为了防止塌货，可采用纵横交叉的堆装法。

2. 木箱货的装箱操作

木箱的种类繁多，尺寸和重量各异。木箱装载和固定时应注意的问题有以下几点：

1）装载比较重的小型木箱时，可采用骑缝装载法，使上层的木箱压在下层两木箱的接缝上，最上一层必须加以固定或塞紧。

2）装载小型木箱时，如箱门端留有较大的空隙，则必须利用木板和木条加以固定或撑紧。

3）重心较低的重、大木箱只能装一层且不能充分利用箱底面积时，应装在集装箱的中央，底部横向必须用方形木条加以固定。

4）对于重心高的木箱，仅靠底部固定是不够的，还必须在上面用木条撑紧。

5）装载特别重的大型木箱时，经常会形成集中载荷或偏心载荷，因此必须有专用的固定设施，不让货物与集装箱前后端壁接触。

6）装载框箱时，通常是使用钢带拉紧，也可以用具有弹性的尼龙带或布带来代替钢带。

3. 货板货的装箱操作

货板上通常装载纸箱货和袋装货。纸箱货在上下层之间可用粘贴法固定。袋装货装板后要求袋子的尺寸与货板的尺寸一致，对于比较滑的袋装货也要用粘贴法固定。货板在装载和固定时应注意的问题有以下几点：

1）如果货板的尺寸在集装箱内横向只能装一块时，则货物必须放在集装箱的中央，并用纵向垫木等加以固定。

2）装载两层以上的货物时，无论空隙在横向还是纵向上，底部都应用档木固定，而上层货板货还需要用跨档木条塞紧。

3）如货板数为奇数时，则应把最后一块货板放在中央，并用绳索通过系环拉紧。

4）货板货装载框架集装箱时，必须使集装箱前后、左右的重量平衡。装货后应用带子把货物拉紧，货物装完后集装箱上应加罩帆布或塑料薄膜。

5）袋装的货板货应根据袋包的尺寸，将不同尺寸的货板搭配起来，以充分利用集装箱的容积。

4. 捆包货的装箱操作

捆包货包括纸浆、板纸、羊毛、棉花、棉布、其他棉织品、纺织品、纤维制品以及废旧物料等，其平均每件重量和容积常比纸箱货和小型木箱货大。一般捆包货都用杂货集装箱装载。

5. 袋装货的装箱操作

袋包装的种类有麻袋、布袋、塑料袋等，主要装载的货物有粮食、咖啡、可可、废料、水泥和粉状化学药品等。通常，袋包装材料的抗潮、抗水湿能力较弱，因此装箱完毕后最好在货物顶部铺设塑料等防水遮盖物。

6. 滚动货的装箱操作

卷纸、卷钢、钢丝绳、电缆、盘元等卷盘货，塑料薄膜、柏油纸、钢瓶等滚筒货以及轮胎、瓦管等均属于滚动类货物。滚动货装箱时一定要注意消除其滚动的特性，做到有效、合理地装载。

7. 桶装货的装箱操作

桶装货一般包括各种油类、液体、粉末类的化学制品、酒精、糖浆等，其包装形式有铁桶、木桶、塑料桶、胶合板桶和纸板桶等五种。除桶口在腰部的传统鼓形木桶外，桶装货在集装箱内均以桶口向上的竖立方式堆装。由于桶体呈圆柱形，而集装箱呈方形，因此装箱时容易产生空隙，且固定较为困难，应引起注意。因此在箱内堆装和加固的方法均由一定具体尺寸决定，使其与箱形尺寸相协调。装箱时应直立放置，桶盖向上进行竖放，堆放时需加放垫料，以使载荷均匀，使桶装货稳定。

8. 托盘货的装箱操作

托盘货最好选用板架集装箱或侧开式集装箱装载，便于用叉车进行装卸作业。用杂货集装箱装载时，应有装卸平台或斜坡跳板等设施。托盘货物装入集装箱的时候通常采用叉车等机械工具，需要操作工人谨慎处置，尤其需要人工操作，用其他纸箱包装的货物充填配载托盘货物留下的容积。

9. 各种车辆的装箱操作

集装箱内装载的车辆有小轿车、小型卡车、装卸车、推土机、压路机和小型拖拉机等。杂货集装箱只能装一辆小轿车，因此箱内会产生很大的空隙。如果航线上有回空的冷冻集装箱或动物集装箱，则用来装小轿车比较理想，因为冷冻集装箱和动物集装箱的容积比较小，可以更有效地利用集装箱的箱容。对于装卸车、拖拉机、推土机及压路机等特种车辆的运输，通常采用板架集装箱来装载。

货物在集装箱内的系固方法：
（1）支撑：用木条、木板等做支柱与框架，使货物在箱内固定。
（2）塞紧：方木等对货物之间、货物与集装箱侧壁之间的水平方向加以固定，或插入填塞物、缓冲垫、楔子等防止货物移动。
（3）捆绑系紧：用绳索、带子或网罩等索具把货物与集装箱的环、孔系紧。

 教师演示

第一步：准备四种典型货物（纸箱货、木箱货、桶装货、袋装货）和集装箱。
第二步：学生分组，组织学生练习典型货物的装箱操作。
第三步：各组循环练习，做到能够熟练地进行常用货物的装箱操作。
第四步：总结实训中存在的问题。

学生动手

第一步:熟悉四种典型货物(纸箱货、木箱货、桶装货、袋装货)的装箱操作方法,学习装载量的确定。

第二步:实地训练,注意安全。

第三步:反复循环练习,熟练掌握装箱操作。

举一反三

查阅书籍与文献,学习危险货物集装箱的装载与运输。阅读案例进行讨论。

案例:山东海丰公司所属的集装箱船"海丰联信"轮,在日本装载了内含属于3类危险货物的涂料和树脂溶液的集装箱。2005年1月1日,从日本神户港至宁波北仑港的途中,船方发现该箱发生渗漏,马上采取措施进行处理,并向海事部门报告。该箱经应急处置后在北仑港被卸下船,经调查,渗漏是由于货物的包装破损造成的,该包装未经有效的检验是主要原因之一。

讨论:危险品在运输过程中要注意哪些方面?

学习评价

被考评人					
考评地点					
考评内容	货物在集装箱的装载实训				
考评标准	内 容	分值/分	自我评价/分	小组评议/分	实际得分/分
	装载基础理论知识的掌握程度	40			
	实训中动手能力	30			
	实训过程的参与积极程度	20			
	实训态度	10			
	合　计	100			

注:1. 实际得分=自我评价40%+小组评议60%。

　　2. 考评满分为100分,60~74分为及格;75~84分为良好;85分以上为优秀(包括85分)。

第五单元　集装箱多种运输方式

任务一

认识水路集装箱运输业务

任务描述

随着我国国民经济的持续高速增长和对外贸易量不断加大，我国 90%的外贸都是以海运为主，可以说，国际贸易的增长和我国国内生产总值的持续提高是我国港口吞吐量增长的最大动力。技术进步提高了集装箱班轮运输的技术水平，为集装箱班轮运输发展创造了良好的发展环境，为我国集装箱班轮运输走向正规化、标准化、提高管理水平等提供了技术支持。

任务目标

1. 能对水路集装箱运输有初步认识。
2. 明确集装箱水路运输的主要分类。
3. 了解集装箱水路运输组织的操作程序。
4. 能够清楚集装箱船舶一些常用的基础知识，如集装箱船、滚装船、载驳船等。

情景导入

2010 年，我国沿海港口完成货物吞吐量是 2005 年的 1.8 倍，沿海港口货物和集装箱吞吐量连续多年保持世界第一。我国已有 22 个港口进入亿吨大港行列。世界排名前 20 位的亿吨大港和集装箱大港中，我国大陆分别占有 12 个和 9 个。数据显示，"十一五"期间，我国沿海港口 5 年建成深水泊位 661 个，达到 1 774 个，新增通过能力 30 亿吨，达到 55.1 亿吨，基本建成煤、油、矿、箱、粮五大专业化运输系统。由此可以看出水路集装箱运输已经成为国际货物运输的主要方式。

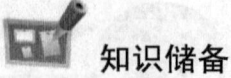

知识储备

资料卡

长江是我国第一大河，干流在我国中部横贯东西，全长 6 300km，流经 10 个省级行政区，跨三大经济地带，成为西南、华中、华东三大地区交通运输大动脉。长江水深河宽，支流派系繁多，从南北汇入，构成我国乃至世界著名的内河水运系统，航道里程达 7 万余公里，占全国内河通航总里程的 70%，很适宜中小型集装箱船与集装箱拖驳船队的航行。

一、集装箱水路运输概述

1. 集装箱水路运输的分类

集装箱水路运输按水路运输的经营方式分类，可分为定期船运输（班轮运输）和不定期船运输（租船运输）两类。按集装箱航线的地位分类，可分为干线运输和支线运输两类。按集装箱运输的地域分类，可以分为集装箱海运和集装箱内河运输，这种分类方式，对我国尤为有意义。图 5-1 所示为青岛集装箱码头。

小知识

集装箱水路运输的各参与方：
1）集装箱班轮公司。
2）集装箱码头公司。
3）无船承运人公司。
4）集装箱租箱公司。
5）联运保赔协会。
6）国际货运代理人。
7）集装箱货运站。
8）货主。

图 5-1　青岛集装箱码头

2. 集装箱水路运输组织的程序

集装箱水路运输组织的一般程序：报价接单、订舱配载、报关、集港、重箱进场、提单签发、费用结算等。集装箱水路运输组织的具体程序，如图 5-2 所示。

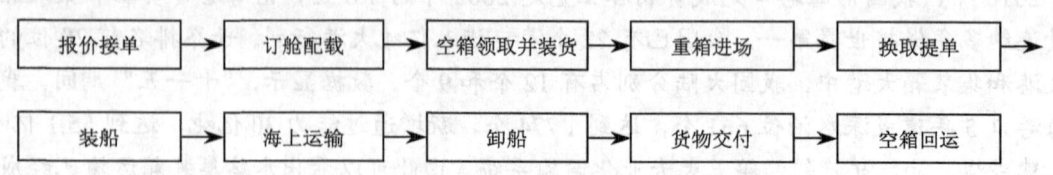

图 5-2　集装箱水路运输组织的具体程序

二、集装箱船舶基础知识

集装箱船舶的分类

集装箱船是用来专门装运规格统一的标准货箱的船舶。各种货物在装船前已装入标准货箱内。在装、卸船过程中不再出现成千上万的单件货物，便于装卸。由于集装箱运输提高了装卸效率，减轻了劳动强度，加速了车船周转，加快了货物送达，减少了营运费用，降低了运输成本，因此集装箱船得到了很快的发展。

集装箱船于20世纪50年代中期开始发展，到现在运输集装箱的船舶主要有集装箱船、滚装船、载驳船三种。

（1）集装箱船：根据其结构可分为下面三种：

1）全集装箱船是专门装运集装箱的船舶。它与一般杂货船不同，其货舱内有格栅式货架，装有垂直导轨，便于集装箱沿导轨放下，四角有格栅制约，可防倾倒。图5-3所示为全集装箱船。

2）部分集装箱船仅以船的中央部位作为集装箱的专用舱位，其他舱位仍装普通杂货。

3）可变换集装箱船货舱内装载集装箱的结构为可拆装式。因此，它可装运集装箱，必要时也可装运普通杂货如图5-4所示为可变换集装箱船。

图5-3　全集装箱船

图5-4　可变换集装箱船

（2）滚装船：滚装船又称"开上开下"船，或称"滚上滚下"船，它是利用运货车辆来载运货物的专用船舶，用牵引车牵引载有箱货或其他件货的半挂车或轮式托盘直接进出货舱装卸的运输船舶。滚装船的外观如图5-5所示。

（3）载驳船：它是20世纪50年代初期发展起来的一种船型，专门用于载运货驳的一种运输船舶，又称子母船。载驳船本身为母船，它所载的驳船为子船，它的载卸过程是将货物或集装箱先装载在规格统一的驳船上，再把驳船装在载驳船上。运抵目的港后，卸下货驳由推船或拖轮把它们分送到内河各地，载驳船再装上等候在锚地的满载货驳，驶向新的目的港。这种运输方式可以实现海河联运，减少中转，提高运输效率。载驳船大致可分为普通载驳货船、海蜂式载驳货船、双体载驳货船和浮坞式载驳货船等。许多载驳货船的甲板上也可以装载集装箱。载驳船的外观如图5-6所示。

图 5-5 滚装船

图 5-6 载驳船

三、集装箱班轮运输和集装箱班轮航线

1. 集装箱班轮运输

集装箱班轮运输是集装箱运输船按照预先公布的船期表，在固定的航线上按规定的挂靠中途港的顺序，往返航行于航线各港间的一种营运组织方式。其特点是对一定的集装箱船舶来讲，开航日期固定、开航时刻固定、挂靠港口固定、运价相对固定。

开展海上国际集装箱班轮运输必须进行科学的运营组织。为了提高我国集装箱运输船舶在国际航运市场上的竞争力，我国交通运输部对国际班轮的班期和班次作出了明确的规定。

> **小知识**
> 集装箱船的特点：
> 1) 船舶吨位大。
> 2) 功率大、航速高。
> 3) 货舱开口大，货仓尺寸规格化。
> 4) 船体形状比较"瘦削"。
> 5) 稳定性要求较高。

2. 国际集装箱班轮公司及集装箱班轮航线

（1）具有世界规模的国际集装箱班轮公司：根据从事国际集装箱运输班轮公司拥有的集装箱船载能力及其经营航线的情况，具有世界规模的国际集装箱班轮公司主要有 20 多家，如中国远洋运输（集团）总公司（COSCO）、美国海陆联运公司（Sea-Land）、丹麦马士基航运公司（Maersk Line）、香港东方海外货柜航运公司（OOCL）、瑞士地中海有限公司（MSC）、中国台湾长荣航运（Evergreen）和中国中海集装箱运输股份有限公司（CSCL）等。

（2）主要班轮航线：目前，世界主要集装箱航运地区有远东、西欧、北美和澳大利亚，这四个地区货运量大，消费水平高，适于集装箱运输的货源充足，连接这几个地区的集装箱航线便成为全球海上集装箱航运干线，它们是：北太平洋航线、北大西洋航线、远东—欧洲航线（印度洋航线）。

（3）世界集装箱海运干线：目前，世界海运集装箱航线主要有：远东—北美航线；北美—欧洲、地中海航线；欧洲、地中海—远东航线；远东—澳大利亚航线；澳大利亚、新西兰—北美航线；欧洲、地中海—西非、南非航线。

> **小知识**
> 世界规模最大的三条集装箱航线：
> 1) 远东—北美航线。
> 2) 北美东海岸—欧洲、地中海航线。
> 3) 远东—欧洲、地中海航线。

教师演示

第一步：搜集材料，介绍我国及发达国家现在所使用的运输集装箱船舶的基础知识。

第二步：查阅书籍和文献，进一步研究如何组织集装箱船舶营运，即集装箱船舶运行组织的问题。

学生动手

第一步：查资料，获取具有世界规模的国际集装箱班轮公司信息。

相关网站：中国远洋运输（集团）总公司（http://www.cosco.com/cn）、香港东方海外货柜航运公司（http://www.oocl.com/schi）、中国中海集装箱运输股份有限公司（http://www.cscl.com.cn）。

第二步：获取信息，其主要内容包括航线规划，为航线选配适当的船舶（航线配船），确定航线船舶集装箱箱量的配置，基本港的确定，编制船期表等。

举一反三

1. 简述集装箱船舶的分类。
2. 查阅资料，了解我国集装箱班轮航线的发展史。

资料：1978年9月26日，中远集团"平乡城"轮装载着162个集装箱从上海港起航，先后于10月12日、10月15日抵达澳大利亚悉尼港、墨尔本港，11月12日返回上海。这一壮举开辟了中国第一条国际集装箱班轮航线，结束了中国没有海运集装箱运输航线的历史，翻开了中国现代海运史上新的一页。截至目前，我国已拥有规模及现代化程度位居世界前列的集装箱船队，2007年集装箱运力规模达到107万标箱。其中，中远集运、中海集运跻身全球集装箱班轮公司前十强。在集装箱海运旺盛需求的推动下，山东烟台国际海运公司、新海丰集装箱运输有限公司、上海集海航运有限公司、民生轮船公司等一批企业也得到了快速发展。

学习评价

被考评人					
考评地点					
考评内容	水路集装箱运输的认知				
考评标准	内　　容	分值/分	自我评价/分	小组评议/分	实际得分/分
	获取信息的完整性	40			
	获取信息的准确性	30			
	基础知识的掌握程度	20			
	交流时发言的情况	10			
	合　　计	100			

注：1. 实际得分=自我评价40%+小组评议60%。
　　2. 考评满分为100分，60~74分为及格；75~84分为良好；85分以上为优秀（包括85分）。

任务二　认识公路集装箱运输业务

 任务描述

公路货运的发展方向是物流化，现代物流发展的主要方式是集装箱运输。近年来，我国港口集装箱的快速发展，极大地刺激和带动了公路集装箱运输业的发展，这也是我国发展集装箱多式联运模式的客观要求。我们应高度重视公路集装箱运输生产过程，努力加快发展公路集装箱运输业，提高综合运输效率。公路集装箱运输，是今后我国汽车运输企业货运发展的一个重要方向。

 任务目标

1. 明确集装箱公路运输的优越性。
2. 了解集装箱公路运输的类型。
3. 能够熟练掌握公路集装箱运输业务流程及操作。
4. 了解集装箱运输对公路技术规格的要求。

 情景导入

2008 年 11 月，天津港以北京无水港为平台，以集装箱公路运输为载体，引入相关船舶公司、船货代理等企业参与，形成无水港"一次报关、一次放行"的物流运作模式，实现北京外贸口岸与天津港的无缝对接。除北京国际陆港外，天津港已在山东、宁夏、河北、河南、内蒙古等地建成了 5 处无水港。在水路集装箱运输已成为国际货物运输主要方式的今天，人们仍离不开集装箱公路运输这种方式。

 知识储备

一、公路集装箱运输的优越性

（1）装卸、交接效率高：由于集装箱便于普遍采用机械化装卸，所以节约装卸作业时间，减轻劳动强度，节约人力，且交接手续简便，减少办理货物交接的时间。

（2）货物运送速度快：公路集装箱运输一般采用"门到门"的运输组织方式，减少了运输过程中多次换装作业，简化了交接手续，便于实现快速运输。

（3）货物运输安全性高：在公路集装箱运输过程中，集装箱不易失落，箱门闭锁加封，即使经过多次中转驳运，也能保证箱内货物完整无损，便于运送高价值或有特殊防护要求的货物。

（4）车辆利用效率高：由于公路运输有较高的装卸作业和交接作业效率，所以提高了车辆运行的出车时间利用系数，从而提高车辆运用效率。

（5）便于实现"门到门"运输：在公路与铁路、公路与水路以及公路、水路与铁路的联合运输中，以集装箱为运输单位，可以简化手续，加快装卸和交接效率，节约运输时间，从而使各种运输方式的运载能力得到充分利用，实现"门到门"运输。

二、公路集装箱运输的类型

根据托运人托运货物的数量、性质以及使用集装箱规格标准的不同，公路集装箱运输可以分为公路整箱货运输和公路拼箱货运输。

1. 公路整箱货运输

公路整箱货运输以"箱"为单位，其装、拆箱作业一般由货主或货运代理来完成，整箱货物重量由托运人确认，货运装载重量应以不超过规定的最大允许重量和所通过的道路、桥涵所允许的负荷为限。货物在装载时应注意箱内均衡，做到重不压轻，先进后出，且不能妨碍箱门的开关。箱内货物装载完毕后，一般由货主或货运代理施封，并作好货物标记。在公路集装箱运输过程中，凭铅封进行交接，且必须编制装箱货物清单附于车内。

2. 公路拼箱货运输

公路拼箱货运输作业仍以普通货物形态完成，作业方式与整车集装箱运输相仿，但拼箱货物运输的装、拆箱作业一般应在集装箱货运站内完成。

三、公路集装箱运输业务流程

1. 公路集装箱货物进口一般业务流程

（1）编制进口箱运量计划：根据船期动态表以及船舶公司或货运代理人提供的进口箱数，结合公司运力编制运量计划。

（2）接收汽车托运：收货人或其代理向集装箱卡车公司提出进口集装箱陆上运输申请，集装箱卡车公司在了解箱内货物和卸货地点情况后，对符合条件的接收托运。

（3）申请整箱放行计划、安排运输：集装箱卡车公司应根据货物具体情况，合理安排运输计划，超重、超限、跨省运输应向有关部门申请。

（4）向码头申请作业并办理理货、卫生检疫等事宜：无论整箱还是拆箱，应及时向港区提出作业申请，由港区根据需要配备机械和人力。集装箱卡车公司还应代收货人提出理货、卫生检疫或一些特殊需要的申请。

（5）从堆场提取重箱：集装箱卡车公司在取得放行单和设备交接单后应到指定地点提取整箱，并办理出场集装箱设备交接单。

（6）交箱回运：集装箱送至收货人处拆箱时，要有理货公司派人员理货。货主接收货物后，在交接单上签收，集装箱卡车公司应将集装箱空箱按指定时间和地点送回。

2. 公路集装箱货物出口运输业务流程

（1）货源组织：集装箱卡车公司应广泛开展货源组织，即揽货工作，掌握船公司和货运代理近期内待装运的箱源，预先作好运力安排。

（2）接收托运：集装箱卡车公司在了解掌握待装货物和装箱地点情况后，接收发货人或其代理的托运申请，对符合条件的予以承运并订立运输契约。

（3）安排作业计划：接收托运后，应及时编制作业计划，超重、超限、跨省运输应向有关部门申请。

（4）向码头申请作业、领取空箱：提前向码头申请出口作业，集装箱卡车公司凭签发的出场集装箱设备交接单和托运单到指定地点提取空箱。

（5）装箱和送交重箱：空箱装箱，经过理货公司理货，由装箱人提供装箱单，集装箱卡车公司将重箱连同装箱单和设备交接单到指定港区交付，办理集装箱设备交接。

四、集装箱运输对公路的要求

1. 我国公路的等级划分与设计车速

我国的公路分为高速公路、一级公路、二级公路、三级公路和四级公路五个等级，见表5-1。各等级公路的设计车速，见表5-2。

表5-1 公路等级

公路等级	在交通网中的作用	年平均昼夜交通量
高速公路	具有特别重要的政治、经济意义，专供汽车分道行驶，全部控制出入	25 000 辆以上
一级公路	连接重要政治、经济中心，通往重点工矿区，可供汽车行驶，部分控制出入	5 000～25 000 辆
二级公路	连接政治、经济中心或大工矿区的干线公路，运输任务繁忙的城郊公路	2 000～5 000 辆
三级公路	沟通县以上城市的一般干线公路	200～500 辆
四级公路	沟通县、乡、村等的支线公路	200 辆以下

表5-2 各等级公路设计车速

公路等级	一		二		三		四	
地形	平原微丘	山岭重丘	平原微丘	山岭重丘	平原微丘	山岭重丘	平原微丘	山岭重丘
设计车速	100	60	80	40	60	30	40	20

2. 集装箱运输对公路技术规格的要求

一般来说，运输大型集装箱，最大轴负重10t、双轴负重16t就够了，为了最大限度利用轴负重，可使用特制的载运堆叠集装箱和不受高度限制的低拖车。所以，对公路基本建设的最低要求是公路网的载运能力至少必须等于轴和双轴的负重与车辆上载运一个按定额满载集装箱的总重量。运输20ft、30ft、40ft的集装箱，公路必须满足下列要求：①车道宽度为3m。②路面最小宽度为30m。③最大坡度为1:10。④停车视线最短距离为

25m。⑤最低通行高度为 4m。

教师演示

第一步：查阅资料与文献介绍《国际公路货物运输合同》。

第二步：结合案例讲授国际运输合同的概念，合同的签订和履行，合同双方的权利、义务及其履行，承运人的责任等内容。

《国际公路货物运输合同公约》CMR 简介：1956 年于日内瓦订立，该公约适用于接管和指定交付地点在两个不同国家，其中至少一个为公约缔约国，且由公路以车辆运输货物而收取报酬的各种契约，公约主要内容是公约适用范围、承运人责任、合同的签订与履行、索赔与诉讼以及连续承运人合同履行等。

学生动手

第一步：查资料，了解《国际公路货物运输合同》。

第二步：认真听取老师的讲解，掌握合同的签订和履行，合同双方的权利、义务及其履行，承运人的责任等条款的具体规定与要求。

第三步：模拟公路货运运输合同的签订。

举一反三

1. 试绘制公路集装箱货物进口业务流程图。
2. 试绘制公路集装箱货物出口运输业务流程图。
3. 简述集装箱运输对公路的要求。

学习评价

被考评人					
考评地点					
考评内容	对国际公路货物运输合同的认知能力				
考评标准	内　　容	分值/分	自我评价/分	小组评议/分	实际得分/分
	获取信息的完整性	40			
	学习态度	20			
	基础知识的掌握程度	20			
	模拟训练的参与能力	20			
	合　　计	100			

注：1. 实际得分=自我评价 40%+小组评议 60%。

2. 考评满分为 100 分，60～74 分为及格；75～84 分为良好；85 分以上为优秀（包括 85 分）。

任务三　认识铁路集装箱运输业务

任务描述

集装箱运输最早起源于铁路，其历史可追溯到 19 世纪中叶。当时使用的是"铁路集装箱"，规格比目前的国际标准集装箱小得多。直到 20 世纪 60 年代，集装箱运输迈出了陆海联运的关键一步，才促进了铁路集装箱运输的发展，并使集装箱的铁路—公路—水路联运得以形成和发展，从而走上了现代多式联运的发展道路。目前，在发达国家已开办了集装箱的定期直达专列，使铁路能定点、定线、有计划地运送集装箱货物，从而促进了铁路集装箱运输的发展。近年来发展起来的陆桥运输，使铁路集装箱运输的地位更为上升。

任务目标

1. 明确铁路集装箱应具备的条件。
2. 了解铁路集装箱货物运输流程。
3. 掌握铁路集装箱货物的交接责任。

情景导入

2008 年 1 月 9 日 15 时，北京—汉堡国际集装箱示范列车发车仪式在北京大红门火车站举行，列车从北京出发，途经中国、蒙古、俄罗斯、白俄罗斯、波兰，最终达到德国汉堡，全程 9 929km。北京—汉堡国际集装箱示范列车的成功开行，充分显示了中国铁路的组织能力和水平，也显示了沿途各国铁路部门的精心配合和大力支持。这会为沿途各国提供更加安全、便捷、经济的国际集装箱联运服务，促进亚欧经济合作和贸易往来，同时也是中国铁路与沿途国家铁路务实合作的最新成果。

知识储备

一、铁路集装箱运输概述

1. 铁路集装箱发展

集装箱运输最早起源于铁路，其历史可以追溯到 19 世纪中叶。当时英国曾用类似集装箱的容器装运木材，美国铁路运输也使用过集装箱。到了 20 世纪初，由于欧洲资本主义国家之间贸易的发展，货运量迅速增加，铁路运输也随之得到了很大的发展，铁路集装箱运输才真正开展起来。到 20 世纪 50 年代，美国铁路运输受到快速发展的公路运输的冲击，于是铁路开始采用将载有集装箱的半挂车装在平车上的驮背运输方式，实现"门到门"运输。

2. 铁路集装箱应具备的条件

1）各类集装箱在相同箱型的集装箱办理站办理运输。自备集装箱，除可在相同箱型的办理站运输外，还可在经铁路部门批准的专用线间办理运输。

2）集装箱适箱货物。通用集装箱以装运贵重、易碎和怕湿货物为主，如家电、仪器、仪表、小型机械、玻璃陶瓷、建材、工艺品、文化体育用品、医药、卷烟、酒、食品、日用品、化工产品、针纺织品、小五金和其他适合集装箱运输的货物。不能使用集装箱运输的货物有：易于污染和腐蚀箱体的货物、易于损坏箱体的货物、鲜活货物、危险货物等。

3）托运的集装箱总重量不得超过该集装箱的标记总重量。

4）集装箱不得办理军事运输。

5）托运人托运集装箱货物，应按批提交货物运单和铁路货物运输服务订单，集装箱总重量之和不得超过容许载重量，铁路集装箱与自备集装箱不得按同一批处理。

6）集装箱由托运人负责，使用前托运人必须检查箱体状态，箱体不良时应要求承运人更换。装箱后，由托运人施封，集装箱掏箱由收货人负责。托运人、收货人也可委托承运人担当掏箱作业。集装箱掏空后应清扫干净、关闭箱门，有污染的还要进行洗刷。

7）使用自备集装箱时，收货人将自备集装箱与货物同时领取。需要向原发站回送的，收货人在领取同时填写特价证明书，经到站确认后在 30 日内向原发站回送。承运人核收回送运费，承运人利用回送的自备集装箱运货物至回送的到站时，免收回送运费。

二、铁路集装箱运输办理站

1. 铁路集装箱办理站

铁路集装箱办理站是指具备处理铁路集装箱运输业务能力的铁路站点，根据其业务性质和范围的不同可分为两种，即铁路集装箱中转站和一般的办理站。铁路集装箱办理站的设置原则：①集装箱办理站通常设置在大城市附近或经济发达地区，这些地区是箱源、箱流的产生地和吸引地，集装箱到发量大且稳定。②集装箱办理站一般还要设置在铁路网的交会点上，使其具有足够的中转范围，有一定数量的前方和后方集装箱办理站才能有足够的箱流。③集装箱办理站的数量不宜过多，也不宜过少。④集装箱办理站相互间距离不能太近，也不能太远。

2. 集装箱办理站的职能

（1）商务职能：包括受理集装箱货物的托运申请；装箱、拆箱以及加封；编制有关运输单证；核收有关费用；联系其他运输方式以及联系铁路之间的联运等。

（2）技术职能：包括提供适合装货、运输的集装箱；安排集装箱装卸搬运机械；办理装卸箱业务；编制用车计划；向到站发出到达预报通知等。

三、铁路集装箱运输业务

铁路集装箱货物运输流程如图 5-7 所示。

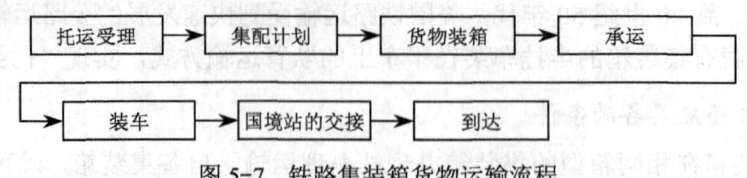

图 5-7 铁路集装箱货物运输流程

1. 托运受理

托运人向车站提出货物运输申请,填写货物运单和副本。车站在接到运单后应审核整车货物的申请是否有批准的月度和日要车计划,检查货物运单上各项内容的填写是否正确。如确认可以承运,在运单上登记货物应进入车站的日期或装车日期,即表示受理托运。

2. 制订集装箱货物集配计划

受理车站的集配货运员根据掌握的全部受理运单的到站去向和数量,本站可用空箱和待交箱数量,待装车、待装箱和残存箱的方向和数量,以及站外集散站的集装箱等资料,制订配装计划。集配计划制订完后,及时通知托运人和承运货运员,以便托运人安排车辆组织进货,货运员作好承运准备。

3. 货物装箱

(1)整箱货装箱:整箱货的装箱可在站内完成,也可以在站外完成。若在站内装,托运人按车站指定的进货日期将货物运至车站,外勤货运员指定拨配空箱,由托运人自己组织装箱和施封;站外装箱一般先由托运人根据车站指定的取箱日期将空箱运到本单位组织装箱,施封后将重箱送到车站。

(2)拼箱货装箱:目前有铁路拼箱和集散站拼箱两种作业形式。铁路拼箱货物按零担货物收取运费,但必须另收拼箱费用。货物的装拆箱以及受理和交付均由铁路部门负责,因此货物运单、领货凭证和货票等运输单证上要加盖"铁路拼箱"戳记。同一箱内货物的所有票据应封入"铁路集装箱拼箱货运票据封套"中。

4. 承运

托运人在指定日期将集装箱货物送至车站指定的地点,铁路部门核查货物运单的记载与实物情况,加盖承运日期戳,核收运费。

5. 国际铁路联运货物在国境站的交接

国境站除办理一般车站的事务外,还办理国际铁路联运货物、车辆与邻国铁路的交接,货物的换装或更换轮对,票据文件的翻译以及货物运送费用的计算与复核等工作。交接还涉及海关、货运代理人等,一般在联运交接所内联合办公。

6. 到达交付

1)集装箱货物运抵到站后,到站应在不迟于卸车后的次日用电话等方式向收货人发出催领通知,货运员在货票上记载通知时间和方法。但到站的催领通知仅是通知收货人收货的辅助手段。货物承运后，托运人应将领货凭证及时寄交收货人，收货人应主动向到站联系并领取货物，这是到货通知的主要手段。

2）收货人在到站领取货物时，须出示本人的身份证明和领货凭证。到站核对运单和领货凭证，交付货物。收货人在货票上盖章或签字，到站将收货人的身份证明文件号码记载在货票上。对到达的货物，收货人有义务及时将其搬出，铁路部门也有义务提供一定的免费留置期限，以便收货人安排搬运工具、办理仓储手续等。若货物在站内掏箱，收货人应于领取的当日内掏完；若货物在站外掏箱，收货人应于领取的次日内将空箱送回。

7. 铁路货物运单与货票

（1）运单：它是铁路部门与托运人之间为完成货物运输而填制的具有运输合同性质的一种单据，是处理铁路部门与托运人、收货人之间责任的依据。左边为"货物运单"，由托运人填写货物的详细情况以及托运人、收货人的资料项目；右边为"领货凭证"。

（2）货票：它是铁路部门填制供财务统计使用的票据。在发站是铁路部门向托运人核收运费的收款收据，在到站是为收货人办理交付手续的一种凭证，在铁路部门内部是清算运输费用、统计铁路完成货运量、运输收入以及有关货运方面工作指标的根据。

四、铁路集装箱货物的交接责任

1. 铁路部门与发货人、收货人之间的交接

铁路部门与发货人、收货人之间（其中包括他们的代理人）的交接，主要是指集装箱的接收和交付两个作业环节，它直接关系到铁路部门与发货人、收货人之间的责任划分。铁路集装箱的交接均应在铁路货场内进行，主要检查箱体状态，还要检查铅封。铁路集装箱起运时应由发货人将集装箱堆放在指定的货位上，关好箱门，并与承运人按批逐箱与货签核对，经检查接收完毕后，在运货单上加盖承运日期戳记，即表明已接受承运，或承运已开始。铁路部门在交付集装箱时则根据收货人提交的货物运单（或集装箱"门到门"运输作业单），与集装箱到达登记簿进行核对，然后到货场会同收货人按批逐箱进行检查对照，经确认无误后，将集装箱向收货人进行一次点交，并注销交货卡片，交付完毕，责任即告终止。

2. 铁路货运员之间的交接

铁路货运员之间的交接，一是按同一工种因班次交替而进行的交接；二是不同工种之间的工作交接。对于上述两种交接，交接双方均应到现场实现对口交接。交者与接受者应采取以票对箱或以箱对票的方法，按批逐箱进行检查，交接后双方在交接簿上签章，以分清责任。在交接过程中，如发现集装箱与货物运单记载的发站、到站、箱数、货名、发货人和收货人不符以及铅封失效、丢失、箱体损坏危及货物安全等情况时，则应按《铁路货运事故处理规则》的有关规定进行处理。

3. 集装箱破损的责任划分及其记录的编制

集装箱的破损大致有两种情况：一是箱子损坏，二是箱子破损。前者是指某一单位或个人的责任造成集装箱的临时修理，而后者通常是指箱子的全损或报废。以上两种损害按其责任可分为：

1）发货人、收货人的过失责任。
2）承运人的过失责任。
3）第三者的过失责任。
4）不可抗拒力、意外原因、自然灾害。
5）铁路装卸工人的过失。
6）铁路货运员的过失。

凡属于上述责任造成的损坏箱、破损箱以及货主自己的集装箱在铁路运输过程中发生的破损，都由货运员按箱编制集装箱破损记录。这个记录是划分集装箱破损责任的重要依据，因此，记录中所载的内容必须准确、完整。

教师演示

第一步：准备铁路有关单证。
第二步：利用多媒体设备，以图片的形式介绍铁路有关单证的填制方法。
第三步：发放准备好的单证让学生进行练习。
第四步：准备案例，组织学生以"中铁集装箱运输有限公司在铁路集装箱运输方面的成绩"为主题的讨论。

案例：中铁集装箱运输有限责任公司是经铁道部批准、国家工商行政管理总局注册，通过整合铁路集装箱运输资源后成立的一家国有大型集装箱运输企业，具有集装箱铁路运输承运权。公司资产22亿元人民币，注册资本12亿元，现有股东15家，其中，铁道部中铁集装箱运输中心占股份51%，其他14个铁路局合占股份49%。

公司的主要经营范围包括国内、国际集装箱铁路运输，集装箱多式联运，国际铁路联运，仓储、装卸、包装、配送等物流服务，集装箱、集装箱专用车辆、集装箱专用设施、铁路篷布等经营和租赁业务。兼营国际、国内货运代理以及与上述业务相关的经济、技术、信息咨询和服务业务。

公司下设哈尔滨、沈阳、北京、呼和浩特、郑州、济南、上海、南昌、广州、柳州、成都、兰州、乌鲁木齐、昆明14个分公司，现有中铁国际货运代理有限公司、中铁特种集装箱运输有限公司两个直属公司和北京东、杨浦、成都东、重庆东、大朗、昆明东6个集装箱办理站，另在609个车站办理集装箱业务。

公司现有普通箱、罐式箱和双层汽车箱等9种不同箱型，保有量21.3万TEU。其中20 ft普通箱12万只、40ft箱0.5万只，直属集装箱专办站6个，集装箱铁路专用平车8 800辆，篷布33万张。公司将建设上海、昆明、哈尔滨、广州等18个具有国际先进技术装备和管理水平的铁路集装箱中心站，改造现有40个靠近省会城市、大型港口和主要内陆口岸的集装箱办理站以及100个代办站，形成集装箱铁路运输网络。

铁路集装箱中心站具有先进的技术装备和仓储设施，是集装箱铁路集散地和班列到发地，具有整列编解、装卸、日处理1 000TEU能力，具有物流配套服务和洗箱、修箱条件以及进出口报关、报验等口岸综合功能，为适应市场需求而开发了罐式集装箱、汽车集装箱、干散货集装箱、折叠式台架集装箱4个品类8种专用集装箱箱型，保有量1万TEU，可分别承运轻油、润滑油、酒精、水煤浆、轿车、微型面包车、散装水泥、原木及板材、钢材及管件、散装矿砂及化工品等货物。

公司已建成以箱号追踪为核心的运输管理系统,实现了全国客户的网络、电话服务功能,通过整合公司现有信息资源,实现信息化的货票清算和成本控制,逐步建成统一的全国铁路集装箱营销系统。公司将以集装箱铁路班列为主要运输产品,在国内主要城市(或港口)间计划开行日行 1 500 km 的中远程集装箱班列,其中在京沪、陇海、沪杭、浙赣、胶济、京九等主要干线将全面开行双层集装箱班列。通过全面实施铁路跨越式发展战略,公司将使集装箱铁路运输能力、技术装备水平和服务水平得到全面提升。

2007 年 12 月 21 日,中铁集装箱运输有限责任公司与天津港(集团)有限公司签订战略合作协议,将遵循"强强联合、优势互补、平等互利、共赢发展"的原则,充分发挥铁路运量大、全天候、安全、节能、环保的优势,发挥中国北方最大港口——天津港在国内交通运输体系中以及东北亚、中西亚现代物流体系中所具有的地理优势和核心资源优势,共同整合铁路和港口的运输资源,深化集装箱铁路运输领域的合作,建立面向未来的长期战略合作伙伴关系。

学生动手

第一步:认真听老师讲解单证的填制方法。
第二步:认真练习单证的填写。
第三步:认真阅读案例,积极参加讨论。不断提高自己分析问题和解决问题的能力。

举一反三

1. 简述铁路集装箱办理站的职能。
2. 简述铁路集装箱货源组织的形式。
3. 绘制铁路集装箱运输业务流程图。

学习评价

被考评人					
考评地点					
考评内容	铁路有关单证的填制方法				
	内　　容	分值/分	自我评价/分	小组评议/分	实际得分/分
考评标准	基础知识的掌握程度	40			
	理论和实际结合的能力	20			
	单证填写的规范程度	30			
	学习态度	10			
	合　　计	100			

注:1. 实际得分=自我评价 40%+小组评议 60%。
　　2. 考评满分为 100 分,60~74 分为及格;75~84 分为良好;85 分以上为优秀(包括 85 分)。

任务四　了解航空集装箱运输业务

任务描述

航空运输是一种现代化的运输方式,其特点是:运送速度快,安全性能高,货物破损少,节省包装费、保险费和储存费,航行便利,不受地面条件的限制,可通往世界各地,将货物运送至收货人的所在地。航空集装箱运输是利用集装箱设备将行李、货物、邮件在合理装卸的条件下,按流向进行集合装箱、装板(加网套)运往目的站。航空集装箱运输是随着宽体飞机的广泛应用和装卸作业、仓库管理水平的日益提高而产生的,其优点是可以降低装卸成本,提高装卸效率和运输质量。

任务目标

1. 明确开展航空集装箱运输的条件。
2. 了解航空集装箱货运业务流程。
3. 了解我国民航关于国际空运的一般规定。

情景导入

从2005年以来,中国航空运输总周转量一直排名世界第二位,已成为当今世界名副其实的航空运输大国,民航业在中国经济社会发展和世界民航事业发展的进程中,正扮演着愈来愈重要的角色。航空运输业的发展不仅仅是运输人和货的问题,而且对整个国民经济,尤其是经济结构调整、转变生产方式有着重大的推动作用。航空运输业的发展带动了金融、旅游、商贸、信息、物流等产业,而这些产业恰恰是现代服务业的重要内容。由此可以看出航空运输业在经济社会发展中产生的巨大综合效益。

知识储备

一、航空集装箱运输概述

航空货运虽然起步较晚,但发展异常迅速,特别是受到现代化企业管理者的青睐,原因之一就在于它具有许多其他运输方式所不能比拟的优越性。

1. 航空集装箱运输的特点

航空集装箱运输是将适宜的货物、邮件装在航空集装箱内,采用民用飞机装载集装箱进行运输的一种流通方式。其营运中的主要特点如下：

1）货物运输快速便捷。
2）安全性能高。
3）货物运输的价值性与经济性。
4）航空货运市场也就是集装箱货运市场。
5）货物的价值是判定其是否适于空运的主要条件。
6）货物的运送时间要求是判定其是否采用空运的重要因素。

2. 开展航空集装箱运输的条件

开展航空集装箱运输同样也需要航空集装箱货源，需要适合航空集装箱运输的设备、设施以及相应的组织机构等。但与其他集装箱运输方式相比，开展航空集装箱运输有其特殊性。

（1）航空集装箱货源：航空集装箱运输的适箱货源主要是一些价值高，对运送速度、安全性能要求较高的货物。适箱货源的这些特点决定了航空集装箱运输的货源往往是小批量的，所以无法像海上、铁路集装箱运输那样可组织大批量货源。为了节省营运成本，航空承运人通常只负责货物从一个机场至另一个机场的运输，而揽货、接货等业务则由航空货运代为办理。因此，在航空集装箱运输中空运代理的角色特别重要。

（2）航空集装箱：国际航空运输协会将航空运输中使用的集装箱称为"成组器"，分为航空用成组器和非航空用成组器两种。航空用成组器是指装载在飞机内与固定装置直接接触，不用辅助器就能固定的装置，它可以看成是飞机的一部分。

（3）装卸搬运设备：为装卸和搬运集装箱及其他成组器，机场必须配备专用的装卸搬运设备，如牵引车、挂车、吊机、货物输送机等。

航空集装箱运输设备：
1）航空集装箱。国际航空运输协会（IATA, International Air Transport Association 的简称）将在航空运输中所使用的成组工具称为成组器。成组器分为航空用成组器和非航空用成组器两类。在非航空用成组器中，包括与 ISO 标准同型的集装箱。
2）飞机。能装载航空成组器的机型主要有波音、道格拉斯和洛克希德三类。由于各飞机制造公司基本采用相同的尺寸，所以成组器在各种机型中的互换性较好。

二、航空集装箱货运业务

1. 航空集装箱货物运输的方式

（1）班机运输：班机运输是指在固定航线上飞行的航班，有固定的始发站、途经站和目的站。一般航空公司都使用客货混合机型组织班机货运，其货舱容量有限，不适合于大批量的货物运输。

（2）包机运输：包机运输包括整机包机和部分包机。整机包机是由航空公司按照事先约定的条件和费用将整机租给承租人，从一个或几个航空站将货物运至指定的目的地，适合于运送大批量的货物；部分包机是由几家货运代理公司或托运人联合包租一架飞机，或者由包机公司把一架飞机的舱位分别租给几家空运代理公司。

（3）集中托运：由空运货代公司将若干单独托运人的货物集中起来组成一整批货物，向航空公司托运到同一到站；等货到国外后由到站地的空运代理办理收货，报关后分拨给各个实际收货人。

（4）急件传递：专门经营这项业务的公司与航空公司合作，设专人用最快的速度在货主、机场和用户之间进行传递，又称"桌到桌"运输。

2. 航空集装箱货运业务流程

1）托运人向航空公司申请航班和装货设备。

2）托运人提取装货设备运回自己工厂或仓库，将货物装入集装箱或成组器，并缮制装箱单。

3）托运人填制国际货物托运书，这是托运人托运货物的正式文件，也是航空公司填制货运单的依据，要求逐项准确填写，并对填写内容承担责任。

4）托运人向口岸或内陆监管部门报关报验，经查验符合规定后获得出口货物放行证明。

5）托运人通过内陆运输将集装箱、成组器货物按期限运抵出口口岸空港。

6）托运人将填制好的国际货物托运书、装箱单和其他有关单证交给航空公司核验，并提供起运地海关的关封，航空公司根据托运人填制的国际货物托运书检查核对，必要时可以开箱或拆组检查，其中包括衡量货物的重量及大件货物的体积。

7）收受的集装箱、成组货物经核对准确无误后，航空公司可向托运人开具经双方共同签署的航空货运单。

8）航空公司与托运人计算航空运费和其他有关费用，并按规定方式计收、结清运费和其他款项。

9）航空公司对受理的货物进行全面的安全检查后，根据有关货运单证编制整个航班的货物舱单，并连同航空货物运单向海关申请验放。

10）航空公司将货物从起运地机场运至目的地机场，将集装箱、成组器货物从飞机货舱内卸下、搬运至机场货运站内指定的位置，经核对航空货运单与集装箱、成组器货物齐备无误后，存放在货运站临时库区里。

11）航空公司根据航空货运单上的收货人名称、地址，发出到货通知书，以催促收货人尽快办理货物报关和提货手续。

12）航空公司代理人将集装箱、成组器货物通过陆路运输运至航空货运单指定的地点，与收货人清点货物，核对航空货运单与集装箱、成组器货物及收货人名称无误后，双方在航空货运单上签字、盖章，收货人接收货物。

13）拆箱、拆组后的装货设备由航空公司代理人回运至指定存放地点，并办理装货设备交接手续。

3. 航空货运代理业务

一般情况下，航空公司只负责从一个机场将货物运至另一个机场，揽货、接货、报关、订舱及在目的机场提货和将货物交付收货人等方面的业务则由航空货运代理（以下简称空运货代）办理。许多空运货代已加入 IATA 等国际组织，并逐步形成了统一的行业规范，空运货代在航空公司及托运人和收货人之间起着极其重要的纽带作用。

4. 航空集装箱货物运输单证

航空集装箱货物运输单证主要有航空货运单、分运单、国际货物委托书等，其中空运单是航空货物运输中最重要的单据。在没有相反证据时，空运单是订立航空运输合同、承运人接受货物的证明。

三、我国民航关于国际空运的一般规定

1. 货物的托运

托运人在申请货物运输时，应正确填写国际货物托运书、有关货物出口明细表、发票、装箱单以及海关、商检需要的证书、文件，先向海关办理出口手续，然后由民航填开航空运单，每批货物填开一份航空运单。包机运输的货物，每一架次填开一份航空运单。航空运单是承运人与托运人之间的货运契约，也是航空运输凭证。航空运单由两组文字组成，第一组文字"999"为中国民航代号，第二组文字为航空运单顺序号码。航空运单有正本三份，副本若干份，正本一份随货同行，一份留承运人，一份交发货人。

托运时，应根据货物的性质、形状、重量、体积、包装等情况，在每件货物包装上写上收货人、发货人名称和地址、货箱号等。

2. 货物的交付

货物运至目的地后，由航空公司以书面或电话形式通知收货人提货。收货人接到通知后应自行办妥海关手续，并当场检查货物有无损坏，如有损坏、短少，应及时向承运人、海关或有关部门联系，并作出运输事故记录。

从发出交货通知后的次日起，国际货物免费保管 5 天，超出上述时限，按规定收取保管费，分批到达的货物保管期限，应从通知提取最后一批货物次日起算。

教师演示

第一步：准备与航空货物运输有关的国际公约等相关知识。如《华沙公约》（全称《统一国际航空运输某些规则的公约》，以下简称《华沙公约》）、《海牙议定书》、《瓜达拉哈拉公约》（又称《统一非缔约承运人所办国际航空运输某些规则以及补充华沙公约的公约》）等。

第二步：准备多媒体设备与相关案例。

第三步：以《华沙公约》为主，结合案例介绍国际航空货运公约的主要条款，主要包括适用范围、空运单、运输变更、承运人的责任和豁免、承运人的责任限制、托运人和收货人的权利和任务、索赔通知与诉讼时效等内容。

学生动手

第一步：查阅资料，获取有关《华沙公约》、《海牙议定书》、《瓜达拉哈拉公约》等信息。

第二步：认真听老师讲解国际航空货运公约的主要条款内容，熟悉掌握各个条款具体规定和要求，并能够灵活地掌握。

举一反三

阅读材料进行讨论。

1. 航空集装箱的特点

用于航空运输的航空集装箱产品都必须满足适航条例的要求，保证航空货运的安全。航空集装箱基本尺寸是根据美国国家飞行器标准 NAS—3610 的规定来区分的，且自身质量非常轻，装载量最大化。

航空集装箱的制造材料必须经过燃烧实验后才能确认合格，一般要使用专用的铝材或复合材料，在强度、硬度、抗燃烧和塑性变形方面都有严格的规定。燃烧实验的内容由联邦航空条例规定。在-54～71℃的温度环境下，航空集装箱要求在强度方面和使用上必须保持原有的性能。

为了适应飞机货舱的形状要求，航空集装箱形状一般都设计为多面体，如对称六面体和八面体，也有大量使用不对称七面体的。

2. 航空集装箱的种类

（1）成组器：成组器是航空运输中用以装载货物、邮件和旅客行李的容器，具有一定的形状、尺寸和强度要求，可以使用货舱内的滚轮系统进行装卸和固定。有航空用托盘和货网、航空集装箱和航空用圆顶三种。成组器又分为航空用成组器和非航空用成组器，航空用成组器中又分为有证成组器和无证成组器。

（2）航空用货板：航空用货板应具有平滑的底面，能使用货网和圆顶将装载的货物捆绑起来，装载到飞机的输送机和固定装置上。通常使用的货板厚度为 2cm，如果要求承受弯曲负荷时，其厚度应为 6cm。

（3）航空用货网：航空用货网是航空运输中用于固定托盘上货物用的网，通常由一张顶网和两张侧网组成，三张网用皮带扣连接。货网和托盘之间利用装在货网下端的金属环连接，也有顶网与侧网组成一体的，这种货网主要用于非固定结构圆顶上。

（4）航空用圆顶：航空用圆顶是长形面包式的航空集装箱的一种。通常是在底板上使用航空用托盘制成的简易集装箱。它分固定结构圆顶和非固定结构圆顶两种。这种圆顶用于 DC8F 和 B747F 等机型。

（5）航空用托盘：航空用托盘是航空运输中用于装载货物、邮件和旅客行李，用货网将货物加以固定用的托盘，如图 5-8 所示。托盘是一块平滑的底板，在制造上必须满足如下要求：①能用货网将货物固定起来。②能方便地装在机舱内的固定装置上。

货网用精工编织的带子编成，可用以绑缚托盘上的货物。通常使用的托盘厚度为 2 cm，这种托盘称为半应力托盘或扰性托盘。适合于运输重货的厚度为 6cm 的托盘称为应力托盘或刚性托盘。现在使用中的航空用托盘的尺寸：宽 317cm（125in）×长 224cm（88in）；宽 317cm（125in）×长 243cm（96in）；宽 274cm（108in）×长 224cm（88in）。

（6）航空用马厩集装箱：航空用马厩集装箱是航空运输中用来装载马匹的一种特殊集装箱。日航的航空用马厩集装箱的尺寸：240cm×206cm×200cm，一箱可装三匹马。

（7）空陆联运集装箱：空陆联运集装箱是只为航空和陆上联运而设计的航空集装箱，如图 5-9 所示。它角部不设角件，因此不能装上集装箱船作海上运输。其长度有 10ft、20ft、30ft、40ft 四种，具备航空集装箱的各项条件，有与航空器栓固系统相配合的栓固装置，箱底可全部冲洗并能用滚装装卸系统进行装运。可以装在波音747货机和陆上运输工具上运输。

图 5-8　航空用托盘

图 5-9　空陆联运集装箱

（8）空陆水联运集装箱：空陆水联运集装箱具备航空集装箱的各项条件，可以装在波音747 货机内，同时也可装在铁路和公路车辆上运输，因角部设有角件，所以也可用集装箱船进行海上运输。其长度与海上集装箱相同，有 10ft、20ft、30ft、40ft 四种。国际标准化组织已颁发 ISO8323 空陆水联运集装箱的新国际标准。

讨论：谈谈航空集装箱与普通集装箱有什么区别。

 学习评价

被考评人					
考评地点					
考评内容		对国际航空货运公约的了解			
考评标准	内　　容	分值/分	自我评价/分	小组评议/分	实际得分/分
	获取信息的完整性	40			
	获取信息的准确性	20			
	公约各项条款理解深度	30			
	学习态度	10			
	合　　计	100			

注：1. 实际得分=自我评价40%+小组评议60%。
　　2. 考评满分为100分，60～74分为及格；75～84分为良好；85分以上为优秀（包括85分）。

第六单元　集装箱多式联运组织与管理

任务一

认识集装箱国际多式联运组织

 任务描述

随着全球经济一体化进程的加快，我国的国际贸易日益增多，交通运输尤其是以货物运输为主的集装箱多式联运以其方便、快捷、高效、价低等优势，被大家广泛认可与使用。我国将在较短的时间内，不断建立和完善交通基础网络，为多式联运各环节的衔接奠定良好的基础，政府在决策中，将更多地以市场为导向，发展市场配置资源的基础作用，充分发挥多式联运的整体优势和组合效率，鼓励资源共享，合法经营，降低流通成本，保护环境，节约资源。充分体现集装箱国际多式联运组织形式所带来的优越性。

 任务目标

1. 明确集装箱国际多式联运的定义。
2. 掌握集装箱国际多式联运的构成要件及特征。
3. 深入体会集装箱国际多式联运组织形式所带来的无可比拟的优越性。
4. 了解具有代表性的国家多式联运的组织形式及我国国际多式联运的发展现状。

 情景导入

2009 年，青岛中远物流国际多式联运业务新客户增加 50%，业务量提高 60%，成功开发并操作了韩国、日本二手车过境中国到中亚各国项目、中国援建承包中亚及蒙古纺织厂、化肥厂、水泥厂、石油开采等项目。铁、公、海联运业务的成功运作成为中远物流转变经济发展方式、优化产业结构、提升核心竞争优势的重要举措，也成为青岛中远物流"弯道超车"跨越发展的重要突破口。公司目前正以陆桥业务、客户资源和经营管理为主体，整合中远物流系统相关公司的铁路联运业务和资源，为客户提供双向海运、陆运、铁路运输等多种运输方式相结合的多式联运业务。

第六单元 集装箱多式联运组织与管理

 **知识储备**

20世纪80年代,集装箱运输已进入国际多式联运时代。国际多式联运是一种利用集装箱进行联运的新的运输组织方式。它通过采用海、陆、空等两种以上的运输手段,完成国际间连贯的货物运输,从而打破了过去海、铁、公、空等单一运输方式互不连贯的传统做法。如今,提供优质的国际多式联运服务已成为集装箱运输经营人增强竞争力的重要手段。

一、集装箱国际多式联运的构成要件

国际集装箱多式联运是一种比区段运输高级的运输组织形式。20世纪60年代末,美国首先试办多式联运业务,受到货主的欢迎。随后,国际多式联运在北美、欧洲和远东地区开始采用;20世纪80年代,国际多式联运已逐步在发展中国家实行。目前,国际多式联运已成为一种新型的、重要的国际集装箱运输方式,受到国际航运界的普遍重视。1980年5月在日内瓦召开的联合国国际多式联运公约会议上产生了《联合国国际货物多式联运公约》。该公约将在30个国家批准加入一年后生效。它的生效将对今后国际多式联运的发展产生积极的影响。

1. 国际多式联运的定义

根据1980年《联合国国际货物多式联运公约》(简称《多式联运公约》)以及1997年我国交通部和铁道部共同颁布的《国际集装箱多式联运管理规则》的定义,国际多式联运是指"按照多式联运合同,以至少两种不同的运输方式,由多式联运经营人将货物从一国境内接管货物的地点运至另一国境内指定地点交付的货物运输"。这一定义明确强调了多式联运的整体性。

2. 国际多式联运的构成要件

根据《联合国国际货物多式联运公约》和《中华人民共和国海商法》(以下简称《海商法》)、《中华人民共和国合同法》(以下简称《合同法》)关于多式联运的法律规定和理解,构成国际货物多式联运应该具备下列要件:

1) 至少是两种不同运输方式的国际间连贯运输。判断一批货物从一个国家境内货物接管地点运至另一个国家境内指定地点交付是否为多式联运,不同运输方式的组合是一个重要因素。

2) 有一份多式联运合同。多式联运经营人必须与托运人订立多式联运合同。所谓多式联运合同,是指多式联运经营人凭其收取全程运费,使用两种或两种以上不同的运输工具,负责组织完成货物全程运输的合同。

3) 使用一份包括全程的多式联运单据。多式联运经营人在接管货物后必须签发多式联运单据,表明其已收到托运人的货物并对货物的全程运输开始负有责任,同时也证明了多式联运合同的有效性。从发货地直至收货地,一单到底,发货人凭多式联运单据向银行结汇,收货人凭多式联运单据向多式联运经营人或其代理人提领货物。多式联运单据签发,应满足不同运输方式的需要。

4）由一个多式联运经营人对全程运输负责。该多式联运经营人不仅是订立多式联运合同的当事人，也是多式联运单证的签发人。当然，在多式联运经营人履行多式联运合同所规定的运输责任的同时，可将全部或部分运输委托他人（分承运人）完成，并订立分运合同。但分运合同的承运人与托运人之间不存在任何合同关系。

5）全程单一的运费费率。

由此可见，国际多式联运的主要特点有由多式联运经营人与托运人签订一个运输合同并统一组织全程运输，实行运输全程一次托运，一单到底，一次收费，统一理赔和全程负责。这是一种以方便托运人和货主为目的的、先进的货物运输组织形式。

二、国际多式联运的优越性

国际多式联运是今后国际运输发展的方向，主要是因为开展国际集装箱多式联运具有许多优越性，表现在以下几个方面。

1. 简化托运、结算及理赔手续，节省人力、物力和有关费用

在国际多式联运方式下，无论货物运输距离有多远，由几种运输方式共同完成，也无论运输途中货物经过多少次转换，所有一切运输事项均由多式联运经营人负责办理。而托运人只需办理一次托运，订立一份运输合同，支付一次费用和一次保险，从而省去托运人办理托运手续的许多不便。同时，由于多式联运采用一份货运单证，统一计费，因而也可简化制单和结算手续，节省人力和物力。此外，一旦运输过程中发生货损货差，则由多式联运经营人对全程运输负责，从而也可简化理赔手续，减少理赔费用。

2. 缩短货物运输时间，减少库存，降低货损货差事故，提高货运质量

在国际多式联运方式下，各个运输环节和各种运输工具之间配合密切，衔接紧凑，货物所到之处中转迅速及时，大大减少了货物在途中的停留时间，从而从根本上保证了货物安全、迅速、准确、及时地运抵目的地，也相应地降低了货物的库存量和库存成本。同时，多式联运系以集装箱为运输单元进行直达运输，尽管货运途中须经多次转换，但由于使用专业机械装卸，且不涉及箱内货物，因而货损货差事故大为减少，在很大程度上提高了货物的运输质量。

政府发展国际多式联运的意义：
1）有利于加强政府部门对整个货物运输链的监督与管理。
2）保证本国在整个货物运输过程中获得较大的运费收入比例。
3）有助于引进新的先进运输技术，减少外汇支出。
4）改善本国基础设施的利用状况。
5）通过国家的宏观调控与指导职能，保证使用对环境破坏最小的运输方式，达到保护本国生态环境的目的。

3. 降低运输成本，节省各种支出

由于多式联运是"门到门"运输，因此对货主来说，在货物交由第一承运人以后即可取得货运单证，并据以结汇，从而提前了结汇时间。这不仅有利于加速货物占用资金的周转，而且可以减少利息的支出。此外，由于货物是在集装箱内进行运输的，因此从某种意义上来看，可相应地节省货物的包装、理货和保险等费用的支出。

4. 提高运输管理水平，实现运输合理化

对于区段运输而言，由于各种运输方式的经营人各自为政，自成体系，因而其所经营的业务范围受到限制，货运量相应也有限。而一旦由不同运输方式的经营人共同参与多式联运，经营的范围可以大大扩展，同时可以最大限度地发挥现有设备的作用，选择最佳运输线路组织合理化运输。

三、国际多式联运应具备的条件

国际多式联运涉及多种运输方式，是一种由多种运输方式组合而成的、综合性的一体化运输。因此，开展国际多式联运应具备比单一运输方式更为先进和更为复杂的技术条件。这些条件包括以下几类：

1. 建立国际多式联运线路与集装箱货运站

从理论上说，国际多式联运的线路可以是从某一国的任何一地到另一国的任何一地。但事实上这是不可能的，世界上许多经营多式联运的公司通常只能重点办好几条多式联运线路。

确定建立一条多式联运线路：首先，需要进行国际货物流向流量的调查，在此基础上，选择货物流量较大且较稳定的路线；其次，要考虑联运线路的全程是否具备适当规模的运输能力。此外，由于国际多式联运通常是以集装箱运输为主，所以联运线路需要具备一定的装卸、运送集装箱的设备条件。

多式联运经营人必须建立具有一定设施条件与能力的集装箱货运站，同时要加强集装箱货运站的组织管理，以降低运营费用，提高运输效率，保证货物的迅速流转。为确保集装箱货物的顺利交接，集装箱货运站应根据业务开展情况配备必要的机械设备，包括搬运和装卸集装箱的起重机、车辆及进行装箱、拆箱的各种机具。

> **资料卡**
>
> 多式联运经营人建设的集装箱货运站应具备的条件：
>
> 1）公路线、铁路线或工业中心的地区。
>
> 2）能和海关、保险、商品检验等机构连接在一起的地区。
>
> 3）能办理货物的报关查验、装箱、拆箱及分拨交接的地区。

2. 建立国内外联运网点

国际多式联运是跨国运输，不可能仅在一个国家完成，需要国内外有关单位的共同合作才能进行有效的联合运输。因此，经营国际多式联运必须根据业务的需要建立国内外业务合作网，负责办理国内外运输和交接手续。

在国外建立联运业务合作网主要有以下三种方式：

1）订立协议，建立业务代理关系。

2）向国外货运公司入股，或同国外货运公司进行联营或合营，遇有业务时，双方仍可采取委托与被委托形式开展业务活动。

3）在国外设立自己的分支机构或子公司，独立承办自己的运输业务。

以上三种方式采用较多的是第一种方式，而第二种和第三种方式多为一些较大的货运公司所采用。

由于国际多式联运线长面广，因此在建立国外网点的同时，还应注重国内各省市间运输网点的建设，以保证运输渠道的畅通。否则，即使外部开通，如果内部不畅，也会使整个运输过程难以发挥效用。因此，建立国内跨地区的横向合作体制是极为重要的。

3. 制定多式联运单一费率

采用单一费率是国际多式联运的基本特征之一，因此经营多式联运要制定一个单一的联运包干费率。由于多式联运环节多，费率又是揽取业务的关键，所以制定单一费率是一个复杂而又重要的问题，需要综合考虑各种因素，使制定的费率具有竞争性，以利于联运业务的顺利进行。

国际集装箱多式联运全程运费主要由运输费用（国内外内陆段运费、海运段运费或国际铁路运费、航空运费）、经营管理费用以及利润三大部分组成。该单一费率因货物的交接地点和业务项目的不同而异。

4. 制定国际多式联运单证

作为国际多式联运经营人必须具有自己的多式联运单证或提单。多式联运单证是经营人与货主之间运输合同的证明，它具有有价证券的性质，可以进行转让或向银行抵押贷款。

5. 建立科学的组织管理制度

要确保国际多式联运货物快速、安全地运抵目的地，必须建立科学的组织管理制度，使各部门和各环节紧密衔接，从组织上保证货物迅速、安全运输。根据实践检验，应着重组织好以下各方面的工作：

1）保证各部门之间的工作紧密衔接。
2）建立掌握货运信息的工作制度。
3）要有一个统一的管理机构。

四、国际多式联运的运输组织形式

国际多式联运是采用两种或两种以上不同运输方式进行联运的运输组织形式。这里所指的至少两种运输方式可以是海陆、陆空、海空等。这与一般的同一种运输工具之间的运输联运有着本质的区别。

由于国际多式联运具有其他运输组织形式无可比拟的优越性，因而这种国际运输新技术已在世界各主要国家和地区得到广泛的推广和应用。目前，有代表性的国家多式联运主要有远东—欧洲、远东—北美等海陆空联运，其组织形式包括以下几个方面。

1. 海陆联运

海陆联运是国际多式联运的主要组织形式，也是远东—欧洲多式联运的主要组织形式之一。目前组织和经营远东—欧洲海陆联运业务的主要有班轮公会的三联集团、北荷、冠航和丹麦的马士基等国际航运公司以及非班轮公会的中国远洋运输公司、中国台湾长荣航运公司和德国那亚航运公司等。它以航运公司为主体，签发联运提单，与航线两端的内陆运输部门开展联运业务，竞争的对手是陆桥运输。

2. 陆桥运输

在国际集装箱多式联运中，陆桥运输起着非常重要的作用，它是远东—欧洲国际集装箱多式联运的主要形式。所谓陆桥运输，是指采用集装箱专用列车或卡车，把横贯大陆的铁路或公路作为中间"桥梁"，使大陆两端的集装箱海运航线与专用列车或卡车连接起来的一种连贯运输方式。严格地讲，陆桥运输也是一种海陆联运形式，只是因为其在国际多式联运中的独特地位，在此将其单独作为一种运输组织形式。目前，远东—欧洲的陆桥运输线路有西伯利亚大陆桥和北美大陆桥。

（1）西伯利亚大陆桥：它是指使用国际标准集装箱，将货物由远东海运到俄罗斯东部港口，再跨越欧亚大陆的西伯利亚铁路运至波罗地海沿岸，如爱沙尼亚的塔林或拉脱维亚的里加等港口，然后采用铁路、公路或海运运到欧洲各地的国际多式联运的运输线路。

由于西伯利亚大陆桥所具有的优势，它的声望与日俱增，也吸引了不少远东、东南亚以及大洋洲地区到欧洲的运输，使西伯利亚大陆桥在短短的几年时间就有了迅速发展。

西伯利亚大陆桥

西伯利亚大陆桥是世界上最著名的国际集装箱多式联运线之一，通过前苏联西伯利亚铁路，把远东、东南亚和澳大利亚地区与欧洲、中东地区连接起来，因此又称亚欧大陆桥。西伯利亚大陆桥现在的全年货运量高达 10 万标准箱，最多时达 15 万标准箱。使用这条陆桥运输线的经营者主要是日本、中国和欧洲各国的货运代理公司。其中，日本出口欧洲杂货的 1/3、欧洲出口亚洲杂货的 1/5 是经这条陆桥运输的。由此可见，它在沟通亚欧大陆、促进国际贸易中所处的重要地位。西伯利亚大陆桥运输包括"海铁铁"、"海铁海"、"海铁公"和"海空"四种运输方式，是较为典型的一条过境多式联运线路，也是目前世界上最长的一条陆桥运输线。

（2）北美大陆桥：它是世界上历史最悠久、影响最大、服务范围最广的陆桥运输线。北美大陆桥是指利用北美的大铁路从远东到欧洲的"海陆海"联运。该陆桥运输包括美国大陆桥运输和加拿大大陆桥运输。美国大陆桥有两条运输线路：一条是从西部太平洋沿岸至东部大西洋沿岸的铁路和公路运输线；另一条是从西部太平洋沿岸至东南部墨西哥湾沿岸的铁路和公路运输线。加拿大大陆桥与美国大陆桥相似，由船舶公司把货物海运至温哥华，经铁路运到蒙特利尔或哈利法克斯，再与大西洋海运相接。

（3）其他陆桥运输形式：北美地区的陆桥运输不仅包括上述大陆桥运输，而且还包括小陆桥运输和微桥运输等运输组织形式。小陆桥运输从运输组织方式上看与大陆桥运输并无大的区别，只是其运输货物的目的地为沿海港口。目前，北美小陆桥运输是指货物用国际标准规格集装箱作为容器，从日本港口海运至美国、加拿大西部港口卸下，再由西部港口运输。

3. 海空联运

海空联运又被称为空桥运输。在运输组织方式上，空桥运输与陆桥运输有所不同：陆桥运输在整个货运过程中使用的是同一个集装箱，不用换装，而空桥运输的货物通常要在航空港换入航空集装箱。不过，两者的目标是一致的，即以低费率提供快捷、可靠的运输服务。目前，国际海空联运线主要有：

（1）远东—欧洲：目前，远东与欧洲间的航线有以温哥华、西雅图、洛杉矶为中转地的，也有以中国香港、曼谷、符拉迪沃斯托克市（海参崴）为中转地的。此外还有以旧金山、新加坡为中转地的。

（2）远东—中南美：近年来，远东至中南美的海空联运发展较快，因为此处港口和内陆运输不稳定，所以对海空运输的需求很大。该联运线以迈阿密、洛杉矶、温哥华为中转地。

（3）远东—中近东、非洲、澳大利亚：这是以中国香港、曼谷为中转地至中近东、非洲的运输服务。在特殊情况下，还有经马赛至非洲、经曼谷至印度、经香港至澳大利亚等联运线，但这些线路货运量较小。

总的来讲，运输距离越远，采用海空联运的优势就越大，与完全采用海运相比，其运输时间更短，同直接采用空运相比，其费率更低。因此，从远东出发，将欧洲、中南美以及非洲作为海空联运的主要市场是合适的。

资料卡

海空联运方式的发展

20世纪60年代，将货物从远东船运至美国西海岸，再通过航空运至美国内陆地区或美国东海岸，从而出现了海空联运。当然，这种联运组织形式是以海运为主，只是最终交货运输区段由空运承担。1960年底，苏联航空公司开辟了经由西伯利亚至欧洲的航空线；1968年，加拿大航空公司参加了国际多式联运；20世纪80年代又出现了经由我国香港地区、新加坡、泰国等至欧洲的航空线。

五、我国的国际多式联运

近年来，为适应和配合对外贸易运输的发展，我国对某些国家和地区已开始采用国际多式联运方式。目前，我国已开展的国际多式联运路线主要包括我国内地经海运往返日本内地、美国内地、非洲内地、西欧内地、澳大利亚内地等联运线，以及经蒙古或独联体至伊朗和往返西欧、北欧各国的西伯利亚大陆桥运输线。其中，西伯利亚大陆桥集装箱运输业务发展较快，目前每年维持在10 000标准箱左右。我国开展的西伯利亚大陆桥运输主要采用"铁铁"、"铁海"、"铁卡"三种方式。除上述已开展的运输路线外，新的联运线路正不断发展，其中包括举世瞩目的新亚欧大陆桥。

资料卡

新亚欧大陆桥

新亚欧大陆桥于1993年正式运营。在我国境内全长4 131 km。它经过陇海、兰新两大铁路干线，在徐州、郑州、洛阳、宝鸡、兰州分别与我国的京沪、京广、焦柳、宝成、包兰等重要铁路干线相连，具有广阔的腹地。

第六单元 集装箱多式联运组织与管理

教师演示

第一步：搜集材料，了解我国及发达国家的集装箱国际多式联运组织形式。
第二步：结合案例说明国际多式联运形式给我国国际贸易带来的优势。
第三步：组织学生讨论。谈谈国际多式联运的未来发展趋势。

学生动手

第一步：查资料，获取我国及发达国家的集装箱国际多式联运组织形式的相关信息。
获取的信息：欧洲的海铁联运、远东—欧洲的陆桥运输、海空联运等。
第二步：查资料，获取我国集装箱国际多式联运的发展现状及趋势。
获取的信息：青岛中远物流有限公司、中海集团物流有限公司的相关信息。
第三步：准备资料，积极主动发言。

举一反三

1. 不同运输方式下完成货物运输签发的提单是（　　）。
   A. 联运提单　　　　　　　　　　B. 转运提单
   C. 多式联运提单　　　　　　　　D. 直达提单
2. 简述国际多式联运的构成要件。
3. 开展国际集装箱多式联运的优越性主要表现在哪些方面？
4. 试述国际多式联运的运输组织形式。

学习评价

被 考 评 人					
考 评 地 点					
考 评 内 容	集装箱国际多式联运组织的认知				
考 评 标 准	内　　容	分值/分	自我评价/分	小组评议/分	实际得分/分
	获取信息的完整性	40			
	获取信息的准确性	30			
	基础知识的掌握程度	20			
	交流时发言的情况	10			
	合　　计	100			

注：1. 实际得分＝自我评价40%＋小组评议60%。
　　2. 考评满分为100分，60～74分为及格；75～84分为良好；85分以上为优秀（包括85分）。

任务二 掌握国际多式联运合同与多式联运经营人的内涵

任务描述

国际多式联运是由多式联运经营人将货物从一国境内接管货物的地点运至另一国境内指定地点交付的货物运输。在这个过程中，重要的是必须订立多式联运合同。由于多式联运全过程要通过各种代理人、实际承运人等共同来完成，因此各有关方之间的法律关系十分复杂。其中，既有多式联运经营人与托运人之间的合同关系，又有多式联运经营人与其受雇人之间的雇佣关系、与其代理人之间的代理关系、与分包承运人之间的承托关系，以及托运人、收货人与多式联运经营人及其受雇人、代理人、分包人之间可能发生的侵权行为关系。

任务目标

1. 明确国际多式联运经营人和国际多式联运合同的定义。
2. 了解国际多式联运经营人具有的独特性质和法律特征。
3. 理解国际货物多式联运经营人和承运人、货运代理人之间的关系。
4. 掌握国际多式联运合同具备的条件。

情景导入

2010年12月22日，A环球电子有限公司向B公司订购了4 000套液晶显示器组件，该订单下货物分八票运往斯洛伐克。2011年1月，B公司向C公司订舱，委托其运输其中一票货物，C公司收取运费并签发了抬头为C公司的提单，提单显示货物交接方式是堆场到门。货物从上海港通过海运方式运至德国汉堡港，再经德国汉堡港由铁路和陆路运至最终交货地。但在B公司仍持有正本提单的情况下货物被无单放行，造成B公司经济损失50 817.60美元。本案例涉及多式联运合同的有关条款，我们应如何进一步认识呢？

知识储备

一、国际多式联运经营人

1. 国际多式联运企业（经营人）组织机构的建立

对于多式联运经营人来讲，拥有精通国际运输业务的高素质的专业人才是最大财富。一般来说，除了航运公司和航空公司等专业运输公司之外，这种专业人才只有在货运代理公司才能找得到。建立经营多式联运业务的企业，通常可采用以下几种方式：

1）由本国经营单一运输方式的承运人或货运代理对其经营范围进行扩展。
2）由本国经营单一运输方式的多家承运人建立合资企业。
3）由本国航运公司与国外航运公司创办合资公司。
4）由内陆国家与转运国共同组建联营运输企业。
5）由商品的生产商或贸易商组建新公司。
6）由本国或地区的多家货运代理组建联营公司。

目前，国际上绝大多数多式联运经营人都集中在工业化发达的国家，而且这些经营人（企业）主要是由航运公司或大的货运代理公司组成。当然，采用何种方式建立和组织多式联运经营企业，主要取决于自身的实际条件。即便是航运公司，要想成为多式联运经营人也同样面临许多困难，尤其是在可用资源（人、财、物等）十分有限的情况下，关键是如何充分利用现有的有效资源。

在我国，国际多式联运业务主要是由从事国际运输的企业内部的专业化组织机构来完成的。由于当前我国的国际集装箱运输中，90%左右是采用分段运输，而国际多式联运量很小。这些从事国际运输业务的企业既有远洋运输公司，也有对外贸易运输公司，还有外轮代理公司等。

此外，国外一些主要的船舶公司，如美国海陆轮船公司、美国总统轮船公司、日本邮船公司和丹麦马士基航运公司等，均以实际承运人的身份在我国建立了为远洋干线集装箱船进行补给服务的支线运输系统，并充当国际多式联运经营人，经营国际多式联运业务。这也是国外多式联运业务的一种主要组织形式。

2. 国际多式联运经营人的含义

国际多式联运经营人（CTO，Combined Transport Operator 的简称）是指本人或者委托他人以本人名义与托运人订立一项多式联运合同，并以承运人身份承担完成此项合同责任的人。

多式联运经营人可以分为两种：一种为有船承运人，是在接受货物后，不但要负责海上运输，还要安排汽车、火车与飞机的运输，对此经营人往往再委托给其他相应的承运人来运输，对交接过程中可能产生的装卸和包装储藏业务，也委托给有关行业办理。但是，这个经营人必须对整个运输过程中产生的责任负责。另一种为无船承运人，是在接受货物后，将运输委托给各种方式运输承运人进行，但他本人对货主仍应负责。无船经营人不拥有船舶，他们通常是内陆运输承运人、仓储业者或其他从事陆上货物运输中某一环节的人，也就是说无船经营人往往拥有除船舶以外的运输工具。

3. 国际货物多式联运经营人和承运人、货运代理人的关系

一般来说，承运人多用来指海路运输中的海运承运人，不过空运和陆运中负责完成运输任务的人同样也被称为承运人。国际多式联运经营人是否属于承运人的范围呢？国际多式联运经营人可被看做负责完成包括几种不同运输方式在内的全程运输的一种新型承运人，只不过其负责的范围和事项比原来的承运人复杂得多。

4. 国际多式联运经营人具有的独特性质和法律特征

1）国际多式联运经营人是"本人"而非代理人。他对全程运输享有承运人的权利，并

承担承运人的义务。

2）国际多式联运经营人同时也可以"代理人"身份兼营有关货运代理服务，或者在一项国际多式联运业务中不以"本人"身份而是以诸如代理人、居间人等身份开展业务。

3）国际多式联运经营人具有双重身份，他既以契约承运人的身份与货主（托运人或收货人）签订国际多式联运合同，又以货主的身份与负责实际运输的各区段运输的承运人（即实际承运人）签订分运运输合同。

4）国际多式联运经营人既可以拥有运输工具，也可以不拥有运输工具。当国际多式联运经营人以拥有的运输工具从事某一区段运输时，他既是契约承运人，又是该区段的实际承运人。

> **资料卡**
>
> 区段运输承运人、托运人、收货人：
>
> 1）区段运输承运人是指与多式联运经营人签订区段运输合同，完成此项多式联运中的某区段运输的人，他可能与多式联运经营人属于同一人。
>
> 2）托运人是指本人或委托他人以本人的名义与多式联运经营人订立多式联运合同，并将货物交给多式联运经营人的人。
>
> 3）收货人是指有权从多式联运经营人处接收货物的人。

5. 国际多式联运经营人在多式联运中的地位

国际多式联运这种运输方式需要多种运输工具完成，通常多式联运经营人自己并不独立承担全部运输，而是在与托运人签订多式联运合同后，再将部分或全部运输工作交由其他承运人完成。这些承运人依照与多式联运经营人签订的运输合同对后者负责，他们与货主或原托运人之间没有任何直接的合同关系。由此，多式联运经营人与货主之间的多式联运合同关系，多式联运经营人与区段经营人之间的合同关系构成了国际多式联运合同关系的主要特征。由于国际货物多式联运是不同运输方式之间的组合，涉及众多的关系人，因此构成了复杂的法律关系。这些关系中既有多式联运经营人与货主之间的合同关系，又有多式联运经营人与其受雇人之间的雇佣关系、与其代理人之间的代理关系、与其分包承运人之间的承托关系，以及收货人与多式联运经营人及其受雇人、代理人、分包人之间可能发生的侵权行为关系等。由此可以看出，国际多式联运经营人在诸多关系中处于核心地位，各种关系都要围绕他而展开。

二、国际货物多式联运合同

1. 国际多式联运合同的定义

国际多式联运合同是指多式联运经营人凭此收取运费，负责完成或组织完成国际多式联运的合同。它是由多式联运经营人与发货人签订的，由多式联运经营人以两种以上运输方式负责将货物由一国境内起运地运至另一国境内目的地，而由发货人（或收货人）支付运费的协议。

在国际多式联运公约中，对运输单据的定义是：证明多式联运合同及证明多式联运经营人接管货物，并负责按合同条款交付货物的单证。这个定义与《汉堡规则》（《联合国海上货物运输公约》的简称）中对海上运输合同与单据的定义是一致的。与国际海上运输合同一样，国际多式联运合同一般没有具体的体现形式。

2. 国际多式联运合同具备的条件

无论是从合同涉及的运输方式来看，还是从合同的具体体现形式来看，国际多式联运合同与单一方式下的运输合同都有较大区别。尽管运输全程分为多个运输区段，各区段又由不同的承运人来完成，多式联运合同也不能被分成几个单一运输合同，必须与单一方式下的运输合同区别对待。与各单一方式运输合同一样，国际多式联运合同的标的也是货物运输。但它又区别于其他运输合同，有自己的特性和条件。一般来讲，国际多式联运合同应具备以下条件：

1）必须是针对货物的运输，而且是国际间的货物运输。
2）在全程运输中要使用两种或两种以上运输方式，而且是这些运输方式的连续运输。
3）多式联运经营人应负有接受货物、保管货物、完成或组织完成运输及有关服务的责任。
4）该合同应是承揽、有偿和非要式的合同。

国际多式联运合同是处于平等法律地位的国际多式联运经营人与发货人之间的民事法律行为，只有在双方表示一致时才能成立。与其他合同一样，它是双方的协议，其订立过程是双方协商的过程。

国际多式联运经营人为了揽取货物运输，要对自己的企业（包括办事机构地点等）、经营范围（包括联运线路、交接货物地域范围、运价、双方责任、权利、义务等）进行广告宣传，并用运价本、提单条款等形式公开说明。发货人或其代理人向经营多式联运的公司及其营业所或代理机构申请货物运输时，通常要提出货物（一般是集装箱货）运输申请（或填写订舱单），说明货物的品种、数量、起运地、目的地、运输期限和要求等内容，多式联运经营人根据申请的内容，并结合自己的营运路线、所能使用的运输工具及班期等情况，决定是否接受托运。如果认为可以接受，则在双方商定运费率及支付形式，货物交接方式、形态、时间，集装箱提取地点、时间等情况后，由多式联运经营人在交给发货人（或代理）的场站收据副本联上签章，以证明接受委托。这时多式联运合同即告成立，发货人与经营人的合同关系已确立并开始执行。

多式联运中使用的集装箱一般是由经营人提供的，在表示接受委托之后，经营人签发提箱单给发货人或其代理人，以保证其在商定的时间、地点提取空箱使用。发货人或其代理人再按双方商定的内容及托运货物的实际情况填写场站收据，并在经营人编号、办理货物报关、货物装箱后，负责将重箱托运至双方商定的地点，将货物交给多式联运经营人或指定的代理人（堆场或货运站），取得签过字的场站收据后到经营人处换取多式联运提单。

3. 多式联运合同的特征

1）多式联运合同的当事人是托运人与多式联运经营人。
2）多式联运经营人可以与参加多式联运的各区段承运人，就合同中各区段运输约定相互之间的责任，但该约定不影响多式联运经营人对全程运输所要承担的义务。
3）多式联运经营人收到托运人交付的货物时，应当签发多式联运单据。
4）因托运人托运货物时的过错而造成多式联运经营人损失的，即使托运人已经转让多式联运单据，托运人仍然应当承担损害，赔偿责任。

5）货物的毁损、灭失发生于多式联运的某一运输区段的，多式联运经营人的赔偿责任和责任限额，适用调整该区段运输方式的有关法律规定。

多式联运提单是证明多式联运合同的运输单据，具有法律效力，同时也是经营人与发货人之间达成协议（即合同）的条款和具体内容的证明，是双方基本义务、责任和权利的说明。提单填写的条款和内容是双方达成的合同内容（除事先另有协议外）。多式联运经营人签发提单是履行合同的一个环节，证明他已按合同接受货物并开始对货物负责。对于发货人来讲，接受经营人签发的提单意味着已同意接受提单的内容与条款，即已同意以这些内容和条款说明的合同。

因此，发货人（或其代理人）在订立多式联运合同时，应认真了解多式联运经营人的提单条款（应是事先印制而且是公开的），如有不能接受之处，应与经营人达成书面协议解决，否则将被视为是接受所有条款，接受其关于双方责任、权利和义务的说明。

教师演示

第一步：查阅资料，如《国际集装箱多式联运管理规则》、《中华人民共和国合同法》、《中华人民共和国海商法》。

第二步：结合案例详解《中华人民共和国合同法》的"第四节多式联运合同"部分、《国际集装箱多式联运管理规则》的"国际多式联运合同与多式联运经营人"部分、《中华人民共和国海商法》的"第四章第八节多式联运合同的特别规定"部分。

第三步：给学生分组，讨论情景导入中的案例，结合实际进一步理解国际多式联运合同具备的条件和特征。

学生动手

第一步：认真听取老师的讲解。

第二步：查阅资料，获取信息。

中华人民共和国合同法

第四节　多式联运合同

第三百一十七条　多式联运经营人负责履行或者组织履行多式联运合同，对全程运输享有承运人的权利，承担承运人的义务。

【释义】本条是对多式联运经营人应当负责履行或者组织履行合同的规定。

本法所称的多式联运合同，是指多式联运经营人以两种以上的不同运输方式，负责将货物从接收地运至目的地交付收货人，并收取全程运费的合同。可见以两种以上的不同运输方式进行运输是多式联运合同区别于传统运输合同的最大特征。

在多式联运合同中，多式联运经营人处于一个比较特殊的位置。本条所指的多式联运经营人，是指本人或者委托他人以本人名义与托运人订立多式联运合同的人。他是事主，而不是托运人的代理人或者代表人，也不是参加多式联运的各承运人的代理人或者代表人。从本条的规定可知，多式联运经营人要根据多式联运合同履行运输义务或者组织承运人履行运输义务。多式联运经营人可分为两种类型：第一种就是多式联运经营人自己拥有运输工具，并且直接参加了运输合同的履行。第二种就是多式联运经营人自己不拥有运输工具或者不经营运输工具，也不直接从事运输活动，而是在签订多式联运合同后，通过双边合同与各运输方式承运人又单独签订各区段运输合同，组织其他承运人进行运输。但是不管多式联运经营人是属于哪一种情形，根据本条的规定，多式联运经营人都要对与之签订合同的托运人或者收货人承担全程运输的义务，同时根据本章的规定，多式联运经营人要承担全程运输所发生的责任和风险。当然他也享有作为全程运输承运人的权利，例如有向托运人或者收货人要求运输费用的权利等。

第三百一十八条　多式联运经营人可以与参加多式联运的各区段承运人就多式联运合同的各区段运输约定相互之间的责任，但该约定不影响多式联运经营人对全程运输承担的义务。

【释义】本条是对多式联运合同中责任制度的规定。

多式联运应当规定什么样的责任制度？有的意见认为在多式联运中，应当实行分散责任制度，也就是说多式联运经营人不用对全程运输负责，有关责任由发生责任的区段上的实际承运人负责并适用该区段的相应法律。另一些意见认为，多式联运运输中应当实行统一责任制度，即多式联运经营人对全程运输负责，多式联运经营人与实际承运人之间可另以合同约定相互之间的责任。分散责任制度不利于保护托运人或者收货人的利益，也不利于托运人或者收货人索赔。同时托运人只与多式联运经营人签订合同，其一般不知道也不用知道货物的运输会由其他承运人来进行，从承担责任的依据上讲，在多式联运运输中实行统一责任制度更合理。并且《中华人民共和国海商法》第一百零二条规定："多式联运经营人与参加多式联运的各区段承运人，可以就多式联运合同的各区段运输，另以合同约定相互之间的责任。"但是，此项合同不得影响多式联运经营人对全程运输所承担的责任。《联合国多式联运公约》第十四条规定："本公约规定的多式联运经营人对于货物的责任期间，自接管货物之时起到交付货物时为止。"所以本条规定："多式联运经营人可以与参加多式联运的各区段承运人就多式联运合同的各区段运输约定相互之间的责任，但该约定不影响多式联运经营人对全程运输承担的义务。"也就是说，多式联运经营人对全程运输中所发生的责任对托运人或者收货人负全责，但是多式联运经营人可以与参加多式联运的各区段承运人约定相互之间的责任，例如在一个海陆空的多式联运合同中，多式联运经营人与海上运输区段的承运人、陆路运输区段的承运人、航空运输区段的承运人分别对每一段的运输责任约定，在多式联运经营人对托运人或者收货人负全程的运输责任后，可以依据其与每一区段的运输承运人签订的合同，向其他承运人追偿。

第三百一十九条　多式联运经营人收到托运人交付的货物时，应当签发多式联运单据。按照托运人的要求，多式联运单据可以是可转让单据，也可以是不可转让单据。

【释义】本条是对多式联运单据的规定。

在多式联运中，当多式联运经营人收到托运人交付的货物时，应当向托运人签发多式联

运单据。所谓多式联运单据，就是证明多式联运合同存在及多式联运经营人接管货物并按合同条款提交货物的证据。多式联运单据应当由多式联运经营人或者经他授权的人签字，这种签字可以是手签、盖章、符号或者用任何其他机械、电子仪器打出的。

多式联运单据一般包括以下15项内容：①货物品类、标志、危险特征的声明、包数或者件数、重量；②货物的外表状况；③多式联运经营人的名称与主要营业地；④托运人名称；⑤收货人的名称；⑥多式联运经营人接管货物的时间、地点；⑦交货地点；⑧交货日期或者期间；⑨多式联运单据可转让或者不可转让的声明；⑩多式联运单据签发的时间、地点；⑪多式联运经营人或其授权人的签字；⑫每种运输方式的运费、用于支付的货币、运费由收货人支付的声明等；⑬航线、运输方式和转运地点；⑭关于多式联运遵守本公约的规定的声明；⑮双方商定的其他事项。

但是以上一项或者多项内容的缺乏，并不会影响单据作为多式联运单据的性质。如果多式联运经营人知道或者有合理的根据怀疑多式联运单据所列的货物品类、标志、包数或者数量、重量等没有准确地表明实际接管货物的状况，或者采用不适当方法进行核对的，多式联运经营人应在多式联运单据上作出保留，注明不符合之处及怀疑根据或不适当核对方法。如果不加批注，则应视为已在多式联运单据上注明货物外表状况良好。

根据本条的规定，多式联运单据依托运人的要求，可以是可转让的单据，也可以是不可转让的单据。在实践中，只有当单据的签发人（即多式联运经营人）承担全程责任时，多式联运单据才有可能作为可转让的单据。此时，多式联运单据具有物权凭证的性质和作用。在作成可转让的多式联运单据时，应当列明按指示或者向持票人交付。如果是凭指示交付货物的单据，则该单据经背书才可转让；向持票人交付货物时，则该单据无须背书即可以转让。当签发一份以上可转让多式联运单据正本时，应当注明正本份数，收货人只有提交可转让多式联运单据时才能提取货物，多式联运经营人按其中一份正本交货后，即履行了交货人的义务；如果签发副本，则应当注明"不可转让副本"字样。如果多式联运经营人按托运人的要求签发了不可转让多式联运单据，则应当指明记名的收货人，多式联运承运人将货物交给不可转让单据所指明的记名收货人才算履行了交货的义务。

第三百二十条　因托运人托运货物时的过错造成多式联运经营人损失的，即使托运人已经转让多式联运单据，托运人仍然应当承担损害赔偿责任。

【释义】本条是对托运人应当向承运人承担过错责任的规定。

在多式联运中，托运人一般应当承担以下三方面的责任：

1）保证责任，即在多式联运经营人接管货物时，发货人应视为已经向多式联运经营人保证他在多式联运单据中所提供的货物品类、标志、件数、重量、数量及危险特性的陈述准确无误，并应对违反这项保证所要造成的损失负赔偿责任。

2）对凡是因为托运人或者其受雇人、代理人在受雇范围内行事时的过失或者大意而给多式联运经营人造成损失的，托运人应当对多式联运经营人负赔偿责任。

3）运送危险物品的特殊责任。托运人将危险品交多式联运经营人时，应当告知多式联运经营人危险物品的危险特性，必要时应告之应采取的预防措施。否则其要对多式联运经营人因运送这类货物所遭受的损失负赔偿责任。

在多式联运中，即使托运人已经转让多式联运单据的，但如果托运人因自己的过错给多式联运经营人造成损失的，托运人仍然应当承担损害赔偿责任。也就是说，托运人赔偿多式联运经营人的损失不受多式联运单据是否转让的影响，只要因托运人的过错造成多式联运经营人损失的，不管多式联运单据在谁手中，多式联运经营人都可向托运人要求赔偿，而不能向持票人或者收货人要求赔偿。

第三百二十一条　货物的毁损、灭失发生于多式联运的某一运输区段的，多式联运经营人的赔偿责任和责任限额，适用调整该区段运输方式的有关法律规定。货物毁损、灭失发生的运输区段不能确定的，依照本章规定承担损害赔偿责任。

【释义】本条是对多式联运经营人承担赔偿责任所适用法律的规定。

在传统的单一运输方式中，对于承运人的赔偿问题基本上都有专门的运输法或者行政法规作了规定。但在多式联运中，由于其最大的特点就是用不同的运输方式进行运输，而我国的各专门运输法或者行政法规对不同的运输方式中的赔偿责任和赔偿限额的规定是不相同的，所以就存在一个问题，即一旦货物发生毁损、灭失的，多式联运经营人根据什么法律或者行政法规承担赔偿责任和赔偿限额？

本条规定确立了两个原则：

1）如果货物发生毁损、灭失的区段是确定的，多式联运经营人的赔偿责任和责任限额，适用调整该区段运输方式的有关法律的规定。该原则体现了目前国际通行的多式联运经营人的"网状责任制"。

2）对于货物发生毁损、灭失的运输区段不能确定的，多式联运经营人应当依照本章的规定承担损害赔偿责任。在多式联运中，货损发生的运输区段有时不易查清，网状责任制通常用"隐蔽损害一般原则"规定多式联运经营人的责任，即对这一类货损采用某项统一规定的办法确定经营人的责任。本条规定，对于隐蔽货损，即货损发生区段不能确定，多式联运经营人应当按照本章关于承运人赔偿责任和责任限额的规定负赔偿责任。

本条规定没有规定涉及多式联运经营人如何向各区段承运人追偿此项赔偿金额问题。在货损区段能够确定时，多式联运经营人可以向其承运人追偿。如果是隐蔽货损，除合同另有约定外，多式联运经营人是无法向任何人追偿的。因此，如果多式联运经营人要摆脱这种损失，唯一的办法就是通过与参加多式联运的各区段承运人之间订立的运输合同取得适当解决。对此，多式联运经营人可以与参加多式联运的各区段承运人约定相互之间的责任。

第三步：准备资料，主动发言。

举一反三

1. 什么是国际多式联运经营人？
2. 什么是国际多式联运合同？
3. 简述国际多式联运合同具备的条件。

学习评价

被考评人					
考评地点					
考评内容		国际多式联运合同的认知			
考评标准	内　容	分值/分	自我评价/分	小组评议/分	实际得分/分
	获取信息的完整性	40			
	获取信息的准确性	20			
	对公约各项条款理解的深度	30			
	学习态度	10			
	合　计	100			

注：1. 实际得分＝自我评价40%＋小组评议60%。

　　2. 考评满分为100分，60～74分为及格；75～84分为良好；85分以上为优秀（包括85分）。

任务三　掌握国际多式联运经营人的服务范围和法律责任

任务描述

在国际多式联运的全过程中，多式联运经营人是以双重身份出现的，多式联运经营人既是发货人也是收货人。一方面，他与货主签订多式联运合同，另一方面，他又与实际承运人签订运输合同。多式联运经营人无论以何种身份出现，都是以本人身份而不是以货方或承运人的代理人的身份出现，作为总承运人对全程运输负责，对货物灭失、损失、延迟交付等均承担责任。因此，明确国际多式联运经营人的服务范围，在多式联运的两种或两种以上的不同运输方式中，分清每一种方式所在区段适用的法律对承运人责任的规定是非常重要的。

任务目标

1. 明确国际多式联运经营人的服务范围。
2. 学会在具体实践中明确国际多式联运经营人的法律责任。
3. 了解国际多式联运经营人的责任期间。

情景导入

1998年11月18日，"静水泉"轮在由大连驶往黄埔港途中，因机舱大量进水而沉没，随船装载货物全部灭失，造成4 000多万元的损失。事故发生后，先后有18位货主就灭失的货物分别在大连、广州、青岛海事法院提起 79 起系列海运货损索赔案件。案件涉及的船舶所有人、货物所有人、承运人等各应负有什么法律责任呢？

知识储备

一、国际多式联运经营人的服务范围

多式联运经营人的服务范围除全程运输外，还常常包括以收货人或发货人的名义（也包括以多个收货人或发货人的名义）在目的地分发全部货物。下面按多式联运链中的服务过程分别列明多式联运经营人的服务范围：

1. 整箱货（FCL，Full Container Load 的简称）服务

当货主（托运人）托运的集装箱货为整箱货时，通常是由货主或其代理自行装箱，并负责运送至经营人的集装箱堆场（CY）。当然，某些经营人也提供由集装箱货运站（CFS）到货主指定地点接收重箱或运送空箱的辅助性运输服务。同样，在进口运输中，也可以在收货人指定地点提供这种服务。经营人为此还常常提供集装箱租赁服务。对于由货主自行装箱的整箱货，多式联运经营人通常不监督其装箱过程。当然，应托运人的要求，经营人可向其提供装箱咨询服务。

2. 拼箱货（LCL，Less than Container Load 的简称）服务

对于拼箱货（LCL），通常是指在多式联运经营人或其代理的监督下，在其内陆货运站（Depot）或港口集装箱货运站（CFS）进行装箱。同时，在目的地所在国的集装箱货运站监督下拆箱。如果是在货运代理公司的货运站装箱，则其装箱过程不受经营人的监督，且该集装箱将被视做整箱货。

3. 货物的计量

货物重量或体积的计量是由货主（托运人）或其代理在多式联运经营人或其代理的监督下进行的。

4. 报关

许多集装箱货运站可以设在内陆清关货运站（ICD，Import Customs Duty 的简称）内，并在那里进行海关检验。通常，海关清关、进出口手续、外汇兑换等业务是由货主或其代理负责办理的。但依经营人与货主的双方协议，也可由多式联运经营人或其代理人办理上述业务，这取决于买卖双方所约定的价格条款。

此外，为保证国际联运货物顺利通过海关，多式联运经营人应负责向过境海关机构提供必要的担保，并在国内边境派驻代理，以确保符合海关手续及国家法律规定的任何其他要求。

5. 签发国际多式联运单证

多式联运单证（MTD，Multimodal Transport Document 的简称）作为多式联运合同的证

明，是由多式联运经营人或其代理签发给托运人或其代理人的。根据货主的要求，该单证可以是可转让单证，也可以是不可转让单证，这取决于各国的有关法规。

从事拼箱业务的货运代理通常向各托运人签发自己的联运单证，并将不足一箱的小票货物拼装成整箱货后交给多式联运经营人，以达到利用整箱货费率支付运费而获利的目的。

6. 订舱

从货主处接受货物后，多式联运经营人就必须向不同运输方式的分承运人订舱，并与其订立分合同，以便将货物运至最终目的地。

7. 多式联运过程的监督与管理

接管货物后，多式联运经营人就对货物的运输与安全负责，直到将货物交付收货人为止。为此，经营人或其代理须对多式联运链中货物的运输、装卸和储存等环节进行监督与管理，以确保货物能安全、迅速、顺利地运抵目的地。

8. 保险与索赔

多式联运经营人应按国际多式联运单证的规定，对货主承担免责范围外的货物损坏或灭失责任。为避免因承担责任而造成自己的经济损失，经营人应根据提单规定的责任范围的大小，通过类似于"船东保赔协会"的互保协会，如"全程运输协会"投保货物责任险。当然，多式联运经营人也可在普通保险公司投保其责任险。除货物责任险外，经营人还应投保集装箱本身在运输途中受到损坏或灭失损失的集装箱保险，该险有全损险与综合险之分。此外，有些经营人还以托运人或收货人的名义，或通过自己的保险部门，或根据与保险人的协议投保货物险。

多式联运经营人在履行全程运输合同过程中主要的参与方包括：

1）承运人。承运人包括海上承运人、公路运输经营人、铁路部门、航空公司及内河运输经营人等。

2）非承运人。非承运人主要包括集装箱内陆货运站、仓储、集装箱货运站、集装箱租赁公司及提供包装、报关、进出口手续、外汇兑换和有关单证服务的部门。

3）其他各方。其他各方包括银行、保险公司、外汇控制机构、港口及海关等。

对于运输过程中的损坏或灭失，货主有权在规定的期限内向多式联运经营人索赔。在索赔过程中，货主应备妥索赔通知书、国际多式联运单证副本、权益转让书、检验报告等单证，有时还需提供商业发票和装箱单。经营人赔付后，如货物的损坏或灭失发生在明显的运输区段，则可直接向分承运人索赔，对于属于保险责任范围的，则可向保险公司索赔。

二、国际多式联运经营人的法律责任

在多式联运中，货物的全程运输是由多式联运经营人和各区段的实际承运人共同完成的。在多式联运两种或两种以上的不同运输方式中，每一种方式所在区段适用的法律对承运人责任的规定往往是不同的。

当货物在运输过程中发生灭失或损坏时，由谁来负责？是采用相同的标准还是区别对待？

于是在多式联运中就出现了要确定经营人责任制度的情况，在现行的国际集装箱多式联运中，主要有统一责任制、网状责任制和修正统一责任制三种责任制度。

1. 统一责任制

无论损害发生在哪一个区段，多式联运经营人或实际承运人承担的赔偿责任都相同。统一责任制的优点：由于其采取了同一种法律规范，使得经营人和货方之间的法律关系明确，消除了由于各区段承运人相互推卸责任所带来的隐患。

各国赔偿限额规定：

《海牙议定书》规定的赔偿限额为每件、每单位100英镑。

《汉堡规则》规定的赔偿限额为每件、每单位835记账单位。

《公路货运公约》规定的赔偿限额是每千克25金法郎。

《国际铁路公约》规定的赔偿限额为每千克50金法郎。

2. 网状责任制

多式联运经营人对整个运输全过程负责，而各区段的实际承运人仅对自己完成的运输区段负责。但对不同区段发生的损失适用不同区段的法律。

目前在多式联运实际运作中，大部分多式联运经营人采用的责任形式都是网状责任制，即多式联运经营人对整个运输全过程负责，而各区段的实际承运人仅对自己完成的运输区段负责。在能确定造成货物灭失、损害的区段时，则适用该运输区段的法律规定。如果不能确定货物损害发生区段时（通常称为隐蔽货损），推定该货损发生在海上，则多式联运经营人按海上运输法律承担责任。

3. 修正统一责任制

修正统一责任制是介于统一责任制与网状责任制之间的责任制，又称混合责任制。即在责任范围方面与统一责任制相同，而在赔偿限额方面与网状责任制相同。《联合国国际货物多式联运公约》对于多式联运经营人的责任制形式采用了修正统一责任制。根据这一责任形式，多式联运经营人对货损的处理，不管是否能确定造成货损的实际运输区段，都将适用《联合国国际货物多式联运公约》中的相关规定。

《联合国国际货物多式联运公约》第十九条规定：如果货物的灭失或损坏发生于多式联运的某一特定区段，而对这一区段适用的一项国际公约或强制性国家法律规定的赔偿责任限额高于本公约规定的赔偿责任限额，则多式联运经营人对这种灭失或损坏的赔偿，应按照该国际公约或强制性国家法律予以确定。

《联合国国际货物多式联运公约》中采用的修正统一责任制，使国际多式联运中出现了双层赔偿责任关系，即多式联运经营人与货主（托运人）之间的赔偿责任关系，以及多式联运经营人与其分包人之间的赔偿责任关系。

三、国际多式联运经营人的责任期间

责任期间是指行为人履行义务、承担责任在时间上的范围。不言而喻，承运人责任期间的长短，也在一定程度上体现了承运人承担义务的多少和责任的轻重。《联合国国际货物多式联运公约》中规定:"多式联运经营人对多式联运货物的责任期间为接收货物时起至交付货物时止。"这一规定表明不论货物的接收地和目的地是港口还是内陆,不论多式联运合同中规定的运输方式如何,也不论多式联运的经营人是否将部分或全部运输任务委托给他人履行,多式联运经营人都必须对货物全程运输负责,也包括货物在两种运输方式之间交换的过程。这个规定与我国《海商法》以及《汉堡规则》关于承运人责任期间的规定完全相同。在国际集装箱多式联运中,海上承运人在很多情况下演变成了契约承运人,即与货物托运人订有多式联运合同的多式联运经营人,此外,其他运输方式的承运人也可以充当多式联运经营人。

1. 单一运输公约下承运人的责任期间

对于海上承运人的责任期间,根据《海牙议定书》的规定,承运人的责任期间是"自货物装上船时起至卸下船时止"这一段时间,也就是说货物的灭失或损坏是在该期间产生的,才适用《海牙议定书》。然而在实际业务中,由于人们对"装上船"和"卸下船"的理解存在一定差异,因而《海牙议定书》的这一规定不是特别明确。因此在实际业务中,大多数船舶公司的提单,都以"钩到钩"作为承运人的责任期间。

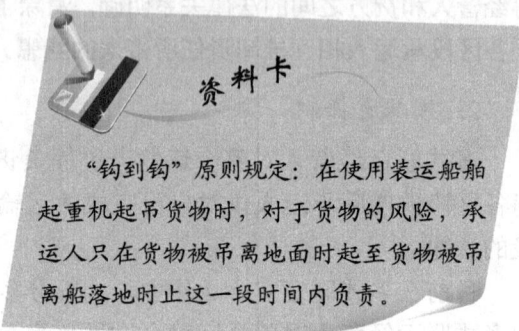

"钩到钩"原则规定:在使用装运船舶起重机起吊货物时,对于货物的风险,承运人只在货物被吊离地面时起至货物被吊离船落地时止这一段时间内负责。

此外,《海牙议定书》中所规定的承运人的责任期间并非是绝对的,还要受有些国家国内法的规定和港口惯例的约束。有些国家为了保护货主的利益,以法律、港口规章或惯例的形式,要求承运人负更多的责任。承运人可以与港口、仓储经营人订立合同,对于由他们的过失而造成的货物损失保留追偿的权利。

《汉堡议定书》延长了承运人的责任期间,其中规定:"承运人对货物的负责时间包括货物在装船港、运输途中和卸船港承运人掌握的整个期间。"也就是说,从收到货物时起到交付货物时止。当然,收货和交货都有区域限制,在港口以外收交货物的,就不能以此为责任期间的开始和结束。《汉堡议定书》中的这一规定,突破了《海牙议定书》对承运人的最低责任期间,向装卸前后两个方向发展,在一定程度上加重了承运人的责任。根据《汉堡议定书》的规定,无论货物的灭失或损坏发生在哪一区域,只要是在承运人掌管期间发生的,收货人均可向承运人提出赔偿要求,即便实际上的货物灭失或损坏并非属于承运人的责任。当然,这并不排除承运人向有关责任人行使追偿的权利。

2. 《联合国国际货物多式联运公约》对承运人责任期间的规定

《联合国国际货物多式联运公约》根据集装箱运输下,货物在货主仓库、工厂以及集装箱货运站、码头堆场进行交接的特点,对多式联运经营人规定的责任期间是:"多式联运经营人对于货物的责任期间,自其接管货物之时起至交付货物时止。"

《联合国国际货物多式联运公约》规定,多式联运经营人接管货物有两种形式:

1) 从托运人或其代表处接管货物。

2) 根据接管货物地点适用的法律或规章,货物必须交其运输的管理当局或其他第三方。

在实际业务中，上述第一种接管货物方式比较常见。第二种接管货物的方式中，即使多式联运公约规定多式联运经营人的责任从接管货物时开始，但在从港口当局手中接收货物的情况下，若货物的灭失或损坏是在当局保管期间发生的，多式联运经营人可以不负责任。

《联合国国际货物多式联运公约》对交付货物规定的形式有三种：

1）将货物交给收货人。

2）如果收货人不向多式联运经营人提取货物，则按多式联运合同或按照交货地点适用的法律、特定行业惯例，将货物置于收货人支配之下。

3）根据交货地点适用的法律或规章，货物必须交付运输当局或其他第三方。

在收货人不向多式联运经营人提取货物的情况下，多式联运经营人可按上述第二和第三种交货形式交货，责任同样即告终止。在实践中，经常会发生这种情况，如收货人由于并不急需该批货物，为了节省仓储费用等情况，有可能造成收货人延迟提货。因此，多式联运公约的这种规定不仅是必要的，也是合理的。《联合国国际货物多式联运公约》在其责任期间规定中指的多式联运经营人，包括他的受雇人、代理人或为履行多式联运合同而使用其服务的任何其他人（所指的是发货人和收货人，也包括他们的受雇人或代理人）。

四、国际多式联运经营人应具备的条件

国际货运公约或货物运输合同一般都规定，承运人应是与发货人订有运输合同的人或完成货物运输的人。然而，现行的国际货运公约对承运人的概念在理解上并不一致，在认识上没有统一。

现行国际货运公约对承运人的概念理解：《海牙议定书》中的承运人是指参加运输的人，与发货人订立合同的人，或两者兼而有之。《瓜达拉哈拉公约》中的承运人是由众多关系人组成，其法律关系十分复杂，其中主要关系有多式联运经营人与发货人之间的关系以及与其受雇人、代理人之间的代理关系、承揽关系、侵权行为关系等。

自多式联运经营人从发货人那里接管货物时起，即表明其责任已开始，货物在运输过程中的任何区段发生灭失或损害，多式联运经营人均以本人的身份直接承担赔偿责任，即使该货物的灭失或损害并非由多式联运经营人本人的过失所致。因此，作为多式联运经营人应具备以下基本条件：

1）多式联运经营人本人或其代表就多式联运的货物必须与发货人本人或其代表订立多式联运合同，而且合同至少使用两种运输方式完成货物全程运输，合同中的货物是国际间的货物。

2）从发货人或其代表那里接管货物时起即签发多式联运单证，并对接管的货物开始负有责任。

3）多式联运合同规定了与运输和其他服务有关的责任，并保证将货物交给多式联运单证的持有人或单证中指定的收货人。

4）对运输全过程中所发生的货物灭失或损害，多式联运经营人首先对货物受损人负责，并应具有足够的赔偿能力。当然，这种规定或做法并不会影响多式联运经营人向造成实际货损的承运人行使追偿的权利。

5）多式联运经营人应具备多式联运所需要的、并与之相适应的技术能力，对自己签发的多式联运单证确保其流通性并作为有价证券，在经济上有令人信服的担保程度。

教师演示

第一步：搜集《海牙议定书》、《汉堡规则》、《公路货运公约》、《国际铁路公约》、《联合国国际货物多式联运公约》等资料中，有关"国际多式联运经营人的责任期间和法律责任"的内容。

第二步：讲解《联合国国际货物多式联运公约》。其主要内容如下：
1）公约的适用范围与管理。
2）多式联运经营人的赔偿责任。
3）发货人的责任与义务。
4）收货人的责任与义务。
5）多式联运单据。
6）索赔与诉讼。
7）管辖权。

第三步：准备案例，组织学生分组进行讨论。

学生动手

第一步：按多式联运链中的服务过程绘制多式联运经营人的服务范围图。
第二步：认真听老师讲解多式联运经营人的服务范围图（见图6-1），积极参与案例讨论。

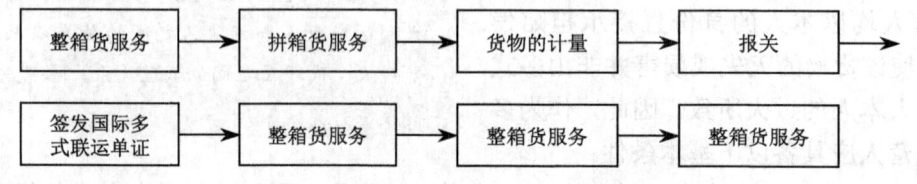

图6-1　多式联运经营人的服务范围图

举一反三

1. 简述国际多式联运经营人的法律责任。
2. 简述《联合国国际货物多式联运公约》的主要内容。

学习评价

被考评人					
考评地点					
考评内容	对国际多式联运经营人的服务范围和法律责任的掌握				
考评标准	内　　容	分值/分	自我评价/分	小组评议/分	实际得分/分
	基础知识的掌握程度	40			
	理论和实际结合的能力	20			
	参与讨论的积极性	30			
	学习态度	10			
	合　　计	100			

注：1. 实际得分＝自我评价 40%＋小组评议 60%。

　　2. 考评满分为 100 分，60～74 分为及格；75～84 分为良好；85 分以上为优秀（包括 85 分）。

第七单元　国际集装箱多式联运提单

任务一

了解提单

 任务描述

提单是国际海运与国际贸易的重要业务单证及法律文件。它不仅是卖方交付货物的证明，也是买方获得货物的凭证，而且口岸管理、保险等领域都会涉及提单。提单既是重要的国际海上运输单证，又是重要的国际货物贸易单证。提单是托运人按事先与承运人达成的货物运输协议，将货物交给承运人接管或者由承运人装船后，应托运人要求，由承运人、船长或者承运人的代理人签发的。

 任务目标

1. 初步了解使用提单的重要性。
2. 明确提单按照不同的分类标准的各种类型。
3. 能够掌握提单基本内容和性质。

 情景导入

2009年7月，中国丰和贸易公司与美国威克特贸易有限公司签订了一项出口货物合同。合同中，双方约定货物的装船日期为2009年11月，以信用证方式结算货款。合同签订后，中国丰和贸易公司委托中国宏盛海上运输公司运送货物到目的港美国纽约。但是，由于丰和贸易公司没能很好地组织货源，直到2010年2月才将货物全部备妥，并于2010年2月15日装船。中国丰和贸易公司为了能够如期结汇取得货款，要求宏盛海上运输公司按2009年11月的日期签发提单，并凭借提单和其他单据向银行办理了议付手续，收清了全部货款。但是，当货物运抵纽约港时，美国收货人威克特贸易有限公司对装船日期发生了怀疑，威克特贸易有限公司遂要求查阅航海日志，运输公司的船方被迫交出航海日志。威克特贸易有限公司在审查航海日志之后，发现了该批货物真正的装船日期是2010年2月15日，比合同约定的装船日期延迟了三个多月。于是，威克特贸易有限公司向当地法院起诉，控告中国丰和贸易公司和宏盛海上运输公司串谋伪造提单进行欺诈，即违背了双方合同约定，也违反法律规定，要求法院扣留该宏盛海上运输公司的运货船只。试问法院应该如何处理呢？

知识储备

一、提单的定义和性质

1. 提单的定义

《中华人民共和国海商法》第71条规定：提单是指用以证明海上货物运输合同和货物已经由承运人接收或者装船，以及承运人保证据以交付货物的单证。

> **资料卡**
> 《中华人民共和国海商法》第七十五条规定：承运人或者代其签发提单的人，知道或者有合理的根据怀疑提单记载的货物的品名、标志、包数或者件数、重量或者体积与实际接收的货物不符，在签发已装船提单的情况下怀疑与已装船的货物不符，或者没有适当的方法核对提单记载的，可以在提单上批注，说明不符之处、怀疑的根据或者说明无法核对。

2. 提单的性质

（1）承运人接收货物或货物装船的收据（货物收据）：通常，货物装船后才由承运人或其代理人签发提单，表明货物已由承运人接收或者装船。提单既属运输单证，又属商务单证。提单一经承运人签发，即表明承运人已将货物装上船舶或已确认接管。提单作为货物收据，不仅证明收到货物的名称、种类、数量、标志和外表状况，而且还可以证明收到货物的时间。

对托运人而言，提单只是承运人已按提单所记载的内容收到货物的初步证据，例如承运人收到的货物与提单所记载的状况不符时，承运人有权举证说明，以保障自身权益；但对善意受让提单的包括收货人在内的第三方而言，提单不仅仅是初步证据，而且是终结性证据，承运人不得否认提单上有关货物资料记载内容的正确性。

> **资料卡**
> 《中华人民共和国海商法》第七十七条规定：承运人或者代其签发提单的人签发的提单，是承运人已经按照提单所载状况收到货物或者货物已装船的初步证据；承运人向善意受让提单的包括收货人在内的第三人提出的与提单所载状况不同的证据，不予承认。

（2）海上货物运输合同成立的证明（合同证明）：在班轮货物运输中，先由托运人根据班轮公司事先公布的船期、费率及运输条件，持托运单或订舱委托书（单）到船舶公司或其代理人处订舱，称为"要约"。如果承运人可以满足托运人的要求，接收订舱，确定船名、航次、提单号，并在单证上签章确认，称为"承诺"，即可认为海上货物运输合同成立。而提单则是在托运人订妥舱位之后，在承运人收到货物或把货物装上船舶之后签发给托运人的。

托运人收到提单之后，通常将其转让给收货人（即提单的受让人，通常是货物的买方）。在这种情况下，对提单的受让人与承运人来说，提单就不仅是运输合同的证据，而成为受让人与承运人之间的运输合同，收货人或提单持有人与承运人之间的权利、义务应按提单条款办理。

（3）提单具有物权凭证的功能：提单的合法持有人有权在目的港以提单来提取货物，而承运人只要出于善意，凭提单发货，即使持有人不是真正货主，承运人也无责任。

《中华人民共和国海商法》第七十八条规定：承运人与收货人、提单持有人之间的权利、义务关系，依据提单的规定确定。

二、提单的种类

1. 按照货物是否已经装船划分

（1）已装船提单：已装船提单是指整票货物已经全部装进货舱或装在甲板（如集装箱）后，承运人或其授权的代理人签发的提单。已装船提单除满足与其他提单相同的要求外，还必须载明装货船名和装船日期。

（2）备运提单：备运提单又称收货待运提单，它是承运人在接管托运人送交的货物后，在装船之前应托运人的要求签发的提单。在集装箱运输中，集装箱进入集装箱货场或集装箱货运站后，承运人会签发备运提单。有时船舶公司在指定仓库预收货物，根据仓库收据签发收妥待运提单，准备交由日后到港船只装运。提单上并未载明装运船舶的船名和装运日期。有时提单上虽有船名，也多属拟装船名，该船能否如期到达将货运出，船舶公司并不负责。

《中华人民共和国海商法》第七十四条规定：货物装船前，承运人已经应托运人的要求签发收货待运提单或者其他单证的，货物装船完毕，托运人可以将收货待运提单或者其他单证退还承运人，以换取已装船提单；承运人也可以在收货待运提单上加注承运船舶的船名和装船日期，加注后的收货待运提单视为已装船提单。

2. 按照提单的不同抬头划分

（1）记名提单：记名提单是指在提单的收货人一栏内具体填写收货人名称的提单。这种提单只能由提单上写明的特定收货人提取，原则上不能转让。记名提单虽然可以避免提单在流通过程中遗失、被盗或被冒名背书的风险，但却失去了提单的流通性。在实际业务中，应谨慎使用记名提单。

（2）不记名提单：不记名提单是指提单上收货人一栏只注明"持有人"字样，即货交提单持有人或在收货人一栏留空。

（3）指示提单：指示提单是指收货人一栏内填写"凭指示"或"凭××指示"字样的提

单。指示提单是一种可转让的商业票据，提单持有人可以用背书方式将它转让给第三者。

3. 按照提单有无批注划分

（1）清洁提单：清洁提单是指货物装船时，货物的外表状况良好，对提单上所印的"外表状况明显良好"没有作相反的批注或附加条文的提单。

（2）不清洁提单：不清洁提单是指承运人明确地对有关货物包装状况不良或存在缺陷等情况加以批注的提单。

4. 按照提单运输方式不同划分

（1）直达提单：直达提单是指由承运人签发的，货物从起运港装船后，中途不经过换船直接运达卸货港的提单。

（2）转船提单：转船提单是指货物在起运港装船后，船舶不直接驶往货物的目的港，需要在其他中途港口换船转运至目的港的情况下承运人所签发的提单。

> **资料卡**
>
> 《中华人民共和国海商法》第七十九条规定：提单的转让，依照下列规定执行：记名提单，不得转让；指示提单，经过记名背书或者空白背书转让；不记名提单，无需背书，即可转让。

（3）联运提单：联运提单是指承运人对经由海—海、海—陆、陆—海运输的货物所出具的覆盖全程的并收取全程费用的提单。

（4）多式联运提单：多式联运提单是指根据多式联运合同签发的提单。把多种不同的运输方式连接为一个运输过程，其性质和责任分担较一般的提单复杂。签发联运提单时，为了避免各国法律规定的分歧和明确责任，船方可以注明对于联运的全程均以《海牙议定书》作为责任依据，或注明只对海运过程负责。如未加注明，船方就必须对承运货物的全程负责。多式联运提单主要用于成组化的货物，特别是集装箱运输，它把海、陆、空、公路、河流等单一运输有机地结合起来，以全程提单来完成一笔跨国进口货物业务的运输。

5. 按照提单的格式不同划分

（1）全式提单：全式提单是指详细列有承运人和托运人之间权利和义务等条款的提单。全式提单既有正面记载的事项，背面又详细列有承运人、托运人权利和义务的条款，所以又称繁式提单。

（2）简式提单：简式提单是指只有正面必要的记载项目而没有背面条款的提单。

6. 按照签发提单的时间划分

（1）倒签提单：倒签提单是指货物装船完毕后，承运人签发的以早于货物实际装船日期为签单日期的提单。

（2）预借提单：预借提单是指货物在装船前或装船完毕前，托运人要求承运人提前签发的已装船清洁提单。

（3）过期提单：过期提单包括两种情形：一种过期提单是指由于航线较短或银行单据流转速度太慢，以致提单晚于货物到达目的港，收货人提货受阻而造成的；另一种过期提单则是由于出口商在取得提单后未能及时到银行议付而造成的。

7. 按照船舶营运方式划分

（1）租船合同下的提单：租船合同下的提单是指在货物装船后，承运人根据租船合同签发的提单。

（2）班轮提单：班轮提单是指采取班轮运输方式，由经营班轮运输的承运人或其代理人签发的提单。

8. 其他特殊提单

其他特殊提单包括：①运输代理行提单。②甲板货提单。③合并提单。④并装提单。⑤分提单。⑥交换提单。⑦集装箱运输提单。

三、提单的内容

1. 提单的正面内容

提单的正面内容包括：①提单号码。②托运人。③收货人。④通知方。⑤船名、航次。⑥装货港。⑦卸货港。⑧接货地。⑨交货地。⑩前程承运人。⑪货名。⑫件数和包装种类。⑬唛头。⑭毛重、尺码。⑮集装箱总数和货物件数总数。⑯运费和费用。⑰运费预付地点、运费到付地点。⑱提单的签发、日期和份数。

2. 提单的背面条款

提单的背面条款包括：①定义条款。②首要条款。③承运人责任期限条款。④承运人责任条款。⑤承运人免责条款。⑥包装和标志条款。⑦运费和其他费用。⑧自由转船条款。⑨承运人责任限额条款。⑩共同海损。⑪留置权条款。⑫危险品条款。

教师演示

第一步：准备各种类型的提单，使学生对提单的有关条款进行了解和认知。
第二步：带领学生练习常用提单的填写，总结提单填写过程中的注意事项。
第三步：准备有关提单使用的相关案例，并带领学生进行案例讨论。

学生动手

第一步：认真练习填写简单的提单，不断提高填写技巧。
第二步：积极参与老师组织的案例讨论。

举一反三

阅读资料进行讨论。

提单填写技巧

（1）托运人：一般为信用证中的受益人，如果开证人为了贸易上的需要，要求做第三者提单，也可照办。

（2）收货人：如要求记名提单，则可填上具体的收货公司或收货人名称；如属指示提单，则填"指示"或"凭指示";如需在提单上列明指示人,则可根据不同要求,作成"凭托运人指示"、"凭收货人指示"或"凭银行指示"。

(3)被通知人:被通知人是指船舶公司在货物到达目的港时发送到货通知的收件人,有时即为进口人。在信用证项下的提单,如信用证上对提单被通知人有具体规定时,则必须严格按信用证要求填写。如果是空白指示提单或托运人指示提单,则此栏必须填列被通知人名称及详细地址,否则船方就无法与收货人联系,收货人也就不能及时报关提货,甚至会因超过海关规定申报时间而被没收。

(4)提单号码:一般列在提单右上角,以便工作联系和查核。发货人向收货人发送装船通知时,也要列明船名和提单号码。

(5)船名:应填列货物所装的船名及航次。

(6)装货港:应填列实际装船港口的具体名称。

(7)卸货港:应填列货物实际卸下的港口名称。在运用集装箱运输方式时,目前使用"联合运输提单",提单上除列明装货港、卸货港外,还要列明收货地、交货地以及第一程运输工具、海运船名和航次。填写卸货港时要注意同名港口的问题,如属选择港提单,就要在这栏中注明。

(8)货名:在信用证项下,货名必须与信用证上规定的一致。

(9)件数和包装种类:要按箱子实际包装情况填列。

(10)唛头:信用证中有规定的,必须按规定填列,否则可按发票上的唛头填列。

(11)毛重、尺码:除信用证另有规定者外,一般以公斤为单位列出货物的毛重,以立方米列出货物的体积。

(12)运费和费用:一般为预付或到付。如 CIF 或 CFR 出口,一般均填上"运费预付"字样,千万不可漏列;如果是 FOB 出口,则运费可写成"运费到付"字样,除非收货人委托发货人垫付运费。

(13)提单的签发日期和份数:提单必须由承运人、船长或他们的代理签发,并应明确表明签发人身份。

讨论:结合实际谈谈填写提单时应注意的问题。

学习评价

被考评人					
考评地点					
考评内容	提单填写的基本能力				
考评标准	内容	分值/分	自我评价/分	小组评议/分	实际得分/分
	实际提单的填写能力	40			
	资料准备的相关性和准确性	30			
	提单填写的准确性	20			
	讨论时发言的情况	10			
	合计	100			

注:1. 实际得分=自我评价40%+小组评议60%。

2. 考评满分为100分,60~74分为及格;75~84分为良好;85分以上为优秀(包括85分)。

任务二

了解集装箱运输提单

任务描述

由国际商会（ICC，International Chamber of Commerce 的简称）制定的《跟单信用证统一惯例》将"集装箱运输提单"解释为"船舶公司或其代理人签发的证明用货盘或集装箱积载的成组货物运输的提单。"它是集装箱货物运输中主要的货运单据。由于集装箱在不同运输方式之间的转运十分方便，所以集装箱在联运或多式联运中得到极为普遍的应用，因此人们常把集装箱运输提单作为集装箱海运提单、联运提单，甚至多式联运提单的泛称。

任务目标

1．熟悉并掌握集装箱提单中承运人的责任期限、舱面货选择条款、承运人的赔偿责任限制、制约托运人的责任条款等。
2．能灵活划分具体工作中出现的承运人的权利与责任问题。
3．了解集装箱提单的法律效力与作用。

情景导入

2010 年 1 月，茂林公司向吉发公司托运货物至韩国，伯顿公司持有吉发公司签发的提单。伯顿公司为韩国无船承运人，其无船承运人提单未在交通运输部登记备案。天津海事法院认为：伯顿公司在中国境内经营无船承运业务，没有按《中华人民共和国国际海运条例》（以下简称《海运条例》）的规定向交通运输部办理提单登记并交纳保证金，伯顿公司与茂林公司的海上货物运输合同因违反行政法规的强制性规定而无效，伯顿公司因其过错应赔偿茂林公司货物损失。吉发公司代签未经备案的提单，应承担连带赔偿责任。试想什么时候可以代为签发无船承运人提单呢？要搞清楚这个问题就需要深入了解集装箱运输提单的主要条款。

知识储备

一、集装箱运输提单

集装箱提单（Container B/L，B/L 是 Bill of Landing 的简称）又称集装箱运输提单，是指为装运集装箱所签发的提单。它是集装箱货物运输中主要的货运单据，负责集装箱运输的经营人或其代理人，在收到集装箱货物后签发给托运人的提单。它与普通货物提单的作用和法律效力基本相同，但也有其特点：

1）由于集装箱货物的交接地点不同，一般情况下，由集装箱堆场或货运站在收到集装箱货物后签发场站收据，托运人以此换取集装箱提单结汇。

2）集装箱提单的承运人责任有两种：一是在运输的全过程中，各段承运人仅对自己承担的运输区间所发生的货损负责；二是多式联运经营人对整个运输承担责任。

3）集装箱内所装货物，必须在条款中说明。因为有时是由发货人装箱，承运人可能不知道内装何物，一般都有"Said to Contain"条款，否则损坏或灭失时整个集装箱按一件赔偿。

4）提单内应说明箱内货物数量和件数，铅封是由托运人来完成的，承运人对箱内所载货物的灭失或损坏不予负责，以保护承运人的利益。

5）在提单上不出现"On Deck"字样。

6）虽然都是收讫待运提单，但是集装箱运输提单上没有"装船"字样，也没有"收讫待运"字样。

二、集装箱运输提单的主要条款

1. 承运人的责任期限

集装箱运输提单将承运人的责任期限规定为"从收到货物开始至交付货物时止"，以代替普通船提单下的"钩到钩"原则。中国远洋运输公司联运提单采用前后条款，也就是说，承运人对收货前、交货后的货物损坏不负责任。作为集装箱运输的经营人，在实行"门到门"运输时，不仅有进口国、出口国有关法令是否允许的问题，而且海上承运人负责内陆运输还必须做到：进口国或出口国有关法令允许海上承运人充当内陆或内河承运人，海上承运人必须对全程运输负责，也就是海上承运人与内陆或内河承运人订立分运合同，内陆或内河承运人作为受海上承运人委托的实际承运人。

实际上，集装箱运输过程中，承运人的责任期限完全是根据集装箱货物的交接方式或运输条款来决定的，而什么样的交接方式或运输条款也就决定了承运人对货物负责的时间或期限。根据集装箱货物的交接地点不同，其交接方式可以分为如下几种：

（1）整箱货接收，整箱货交付：

1）发货人门到收货人门。

2）发货人门到卸船港集装箱码头堆场。

3）装船港集装箱堆场至收货人门。

（2）整箱货接收，拼装货交付：

1）发货人门至进口国集装箱货运站。

2）装船港集装箱堆场至进口国集装箱货运站。

（3）拼箱货接收，拼箱货交付：出口国集装箱货运站至进口国集装箱货运站。

（4）拼箱货接收、整箱货交付：

1）出口国集装箱货运站至卸船港集装箱码头堆场。

2）出口国集装箱货运站至收货人门。

根据下述交货方式,签发提货地点:

1)发货人门(工厂或仓库),表明货物由发货人自行装箱,集装箱运输经营人在收货后签署场站收据,并负责安排内陆运输,发货人凭场站收据换取提单。

2)集装箱码头堆场,表明发货人在装箱后,自己负责安排内陆运输,发货人和集装箱运输经营人接受货物的地点以堆场为界,经营人收货后签署场站收据,发货人凭其换取提单。

3)集装箱货运站,发货人将货物运至集装箱货运站,由集装箱货运站负责装箱。

上述情况下签发的提单均属待装船提单。

2. 舱面货选择条款

1)舱面货与甲板货的区别。

2)集装箱运输提单中规定了舱面货(甲板货)条款,即装载舱面运输的集装箱与舱内集装箱享有同样的权益。如中远联运提单第 17 条 1 款规定:"集装箱中所装货物,无论是由承运人还是由货方装载,都可作舱面装运或舱内装运,而无需通知货方。"

3. 承运人的赔偿责任限制

承运人的赔偿责任限制是指承运人对每一件或每一货物单位负责赔偿的最高限额。各国的法律和船舶公司的提单对承运人的赔偿责任都有明确规定,有的按照《海牙议定书》进行规定,有的则按照国内法进行规定。

件数:如在提单中已载明这种工具内的货物件数或单位数,则按所载明的件数或单位数赔偿,如果集装箱、托盘或类似的装运工具为货主所有,赔偿时也作为一件。

对承运人规定的最高赔偿责任限额:以每一件为单位,《海牙议定书》规定为 100 英镑,《维斯比规则》(《修改统一提单若干法律规定的国际公约议定书》)规定为 10 000 金法郎,或毛重每千克 30 金法郎,并按照其中高者计算。

4. 制约托运人的责任条款

(1)发货人装箱、计数或不知条款:承运人根据货主提供的内容,在如实记载提单的同时,保留"发货人装箱、计数"等批注,以最大限度地达到免除责任的目的。但其保护范围也有一定的限度,如果货主能举证说明承运人明知货物的详细情况,却又订上不知条款时,承运人仍不能免责。

(2)铅封完整交货条款:承运人在铅封完整的情况下接货、交货,业已认为承运人完成货物运输,并解除所有责任。因此从某种程度上说,集装箱运输中的整箱货交接是以铅封完整与否来确定承运人责任的。

(3)货物检查权条款:承运人有权但没有义务在任何时候都将集装箱开箱检验,并核对其装载的货物。如发现所装载的货物全部或一部分不适合运输,承运人有权对该部分货物放弃运输,或是由托运人支付合理的附加费后完成这部分货物的运输,或是将其存放在岸上或水上具有遮蔽的或露天的场所。这种存放业已认为按提单交货,即承运人的责任已告终止。承运人在行使这一权利时,不用得到托运人的预先同意,其费用由货主负担。

(4)海关启封检查条款:海关有权检查集装箱。海关打开集装箱检查,并重新施封而造成任何货物灭失、损害以及其他后果,承运人概不负责。在实际业务中,承运人对这种情况应作好记录，并保留证据，以使其免除责任。

（5）发货人对货物内容准确性负责条款：在接受货物时，视为发货人已向承运人保证资料准确无误，危险货物应事先说明。

集装箱货物在由货主自行负责装箱时，在以下情况下货主负责赔偿其对承运人造成的损害：
1）由于货主自己装载不当。
2）箱内货物不适合装载于集装箱内。
3）箱内货物包装不牢，标志不清。
4）装箱之前未对箱子作合理的检验。
5）运输途中非承运人能控制的原因。
6）未能保证货物内容的准确和完整。
7）对第三者生命财产造成损害。
8）对由于货主自己搬运或运输造成的损害等。

5. 危险货物运输

1）承运人在接受具有爆炸性、易燃性、放射性、腐蚀性、有害性、有毒性等危险货物时，只有在接受货主提交的书面申请时方可进行。

2）承运人对事先不知其性质而装载的具有危险性的货物，可在卸货前任何时候，任何地点将其卸上岸，或将其销毁而不予赔偿。该货物的所有人对于该项货物所引起的直接或间接的一切损害和费用负责。

在托运危险货物时，托运人应保证：
1）提供危险品详细情况。
2）提供运输注意事项及预防措施。
3）危险品满足有关运输、保管、装卸等要求。
4）货物的包装外表应注有清晰、永久性的标志。
5）在整箱货运输时，箱子外表应贴有危险品标志。

3）如承运人了解货物的性质，并同意装船，但在运输过程中发现该货物对船舶和其他货物构成危险时，也同样可在任何地点将货物卸上岸，或将其销毁而不用承担责任。

6. 索赔与诉讼

收货人在收货时发现货物已发生灭失或损害的，应当从收货日起3天内（最迟不超过3天）以书面形式通知承运人。否则这种交接会被视为承运人已按照提单规定交付货物的初步证据。

在整箱货运输中，由于货在卸船港交付后不能马上拆箱，因此，只能根据表面状况交货。如箱子外表状况良好，铅封完整，承运人的责任即告终止。如外表状况不好，收货人应从收货日起3天内以书面形式通知承运人。

对于诉讼时效，有的规定为1年，有的规定为9个月。如属全损，有的提单仅规定为2个月，超出规定期限，承运人将免除一切责任。

7. 货主自行装箱的责任

1）承运人接收的是外表状况良好、铅封完整的集装箱，有关箱内货物的详情概不知悉。
2）货主应向承运人保证集装箱及箱内货物适于装箱运输。
3）当集装箱由承运人提供时，货主有检查集装箱的责任。
4）当承运人在箱子外表状况良好、铅封完整的情况下交付集装箱时，已认为承运人完成交货义务。

8. 提单可转让性

除非提单正面已注有"不可转让"字样，否则一旦接受提单，提单出让人、受让人以及提单签发人一致同意提单可转让性，并通过背书或无须背书转让，提单持有人有权接受或转让本提单的货物。

三、集装箱提单的作用和法律效力

1）经签发，则表明负责集装箱运输的人收到外表状况良好且铅封号码完整的集装箱货物，其责任已开始。
2）集装箱货物运至目的港，提单持有人将提单交还给目的港集装箱运输经营人的代理人，以取得提货的权利，因此，提单还是交货的凭证。
3）一经签发，负责集装箱运输的经营人凭其收取运费，完成或组织完成集装箱货物的运输，所以该提单是集装箱货物运输经营人与货物托运人之间运输合同订立的证明。
4）提单是代表货物所有权的凭证，即货物的物权凭证，所以也可自由转让买卖。

教师演示

第一步：对集装箱运输提单的主要条款，如承运人的责任期限、舱面货选择条款、承运人的赔偿责任限制、制约托运人的责任条款等准备相应的案例，并结合案例详解。

第二步：给学生分组，采用角色扮演法进行情景模拟活动训练。老师要进行充分的准备工作，事先做好周密的计划，每个细节都要设计好。同学事先训练好，并掌握主要条款规则、注意事项及具体实务灵活处理的技巧，这些都要做到规范化。最后编制好评分标准。

第三步：提出各类在实际工作中经常出现的问题或错误让学生解决，以提高学生学习知识的灵活性。

学生动手

第一步：熟悉集装箱运输提单的主要条款与规则，并能够灵活运用。
第二步：积极主动参加情景模拟活动训练，灵活运用所学知识。

举一反三

试分析下面案例，说说本案例的主要争议。

案例：

原告：中国人民财产保险股份有限公司厦门市分公司

被告：本溪钢铁（集团）腾达股份有限公司（以下简称"本溪腾达公司"）

被告：江苏瑞浩祥国际物流有限公司（以下简称"江苏瑞浩祥公司"）

被告：南京海福海运有限公司（以下简称"南京海福公司"）

2007年7月，原告的被保险人上海容正贸易有限公司（以下简称"容正公司"）、上海闽路润贸易有限公司（以下简称"闽路润公司"）与案外人本钢板材股份有限公司签订热轧产品买卖合同，购买热轧卷板556.69吨，总价款为人民币2 289 851.59元。容正公司和闽路润公司与本案被告本溪腾达公司订有长期运输委托协议。同年8月24日，容正公司和闽路润公司与本溪腾达公司签订了三份运输委托合同，委托本溪腾达公司运输热轧卷板从大连鲅鱼圈分别至南京、杭州、上海。运输委托合同记载托运方为闽路润公司，承运方为被告本溪腾达公司。被告本溪腾达公司接受委托后又委托大连信风船务代理有限公司鲅鱼圈分公司（以下简称"大连信风船代"）运输，相应的货物运输合同记载托运人为本溪腾达公司，承运人为大连信风船代。大连信风船代再委托被告江苏瑞浩祥公司运输，被告江苏瑞浩祥公司签发了国内水路货物运单，记载托运人为被告本溪腾达公司，收货人为闽路润公司。2007年9月1日，船舶在运输途中沉没，货物全损。经查，沉没船舶系被告江苏瑞浩祥公司所有，被告南京海福公司实际经营。事故发生后，被告江苏瑞浩祥公司和被告南京海福公司共同向法院申请设立海事赔偿责任限制基金，并提供了船载货物所有托运人的联系方式，被告本溪腾达公司是托运人之一。法院依据申请人的申请向被告本溪腾达公司等托运人发出异议通知书，并在《人民法院报》连续公告三日。被告本溪腾达公司收到异议通知书后，未向法院申请债权登记，也未转告容正公司和闽路润公司。2008年3月，被告江苏瑞浩祥公司和被告南京海福公司所设立的基金人民币3 445 995.66元依法分配，容正公司、闽路润公司及被告本溪腾达公司均未申报债权参与分配。原告与容正公司和闽路润公司订有《国内货物运输保险协议》，原告根据保险条款赔偿了容正公司和闽路润公司货物损失人民币2 484 947.50元。原告请求判令被告本溪腾达公司赔偿原告支付的保险金；被告江苏瑞浩祥公司和被告南京海福公司承担连带赔偿责任。

学习评价

被考评人					
考评地点					
考评内容		集装箱运输提单主要条款的实际运用			
考评标准	内　　容	分值/分	自我评价/分	小组评议/分	实际得分/分
	运用知识的准确性	40			
	运用知识的灵活性	40			
	各项工作之间的协调能力	10			
	参与能力	10			
	合　　计	100			

注：1. 实际得分=自我评价40%+小组评议60%。

　　2. 考评满分为100分，60～74分为及格；75～84分为良好；85分以上为优秀（包括85分）。

任务三
了解国际多式联运提单

任务描述

国际多式联运提单因其特有的功能和作用在众多单证中居于核心地位,其功能主要表现为运输合同的证明、货物收据和物权凭证。其中,物权凭证的功能最为重要。国际多式联运提单在众多的单证中作用显著,这也是它作为准流通性证券的基础。

任务目标

1. 掌握国际多式联运提单的主要内容和条款。
2. 明确多式联运提单与单一运输方式下单据的区别和联系。
3. 学会根据《联合国国际货物多式联运公约》的要求,处理简单的提单签发与转让等业务。

情景导入

2009年3月,我国上海润丰公司与波斯顿公司签订了4份台布销售合同,上海润丰公司6月份收到波斯顿公司开出的不可撤销信用证。后上海润丰公司根据波斯顿公司指示,委托英国威廉运输公司将上述合同项下的货物运至德国汉堡。公司收货后签发了7份陆海联运正本提单,但提单项下的货物运至我国香港后,英国威廉运输公司未经上海润丰公司许可,在波斯顿公司尚未付款,未获正本提单的情况下,擅自接受波斯顿公司指示,将货物从我国香港改海运为空运,并运至汉堡。德国买主凭空运提单提走了货物,此时波斯顿公司破产了,这就造成上海润丰公司钱货两空的境地。假设你代表上海润丰公司,应当怎样追回货物或货款?

知识储备

一、国际多式联运提单的概念

国际多式联运提单是指货物由水路、铁路、公路、航空等两种或多种运输方式进行国际间联合运输而签发的适用于全程运输的提单。在实际业务中,一般将国际多式联运单据称为国际多式联运提单。国际多式联运提单是用于证明多式联运合同以及证明多式联运经营人接管货物并负责按合同条款交付货物的单据。该单据包括双方确认的取代纸张单据的电子数据交换信息。国际多式联运提单不是多式联运合同,只是多式联运合同的证明,是多式联运经营人收到货物的收据和凭其交货的凭证。

二、国际集装箱多式联运提单的内容

国际多式联运提单应当载明的主要内容如下：
1）货物名称、种类、件数、重量、尺寸、外表状况和包装形式。
2）集装箱箱号、箱型、数量和封志号。
3）危险货物、冷冻货物等特种货物应载明其特性、注意事项。
4）多式联运经营人名称和主营业所。
5）托运人名称。
6）多式联运单据表明的收货人。
7）接收货物的日期、地点。
8）交付货物的地点和约定的日期。
9）多式联运经营人或其授权人的签字及单据的签发日期、地点。
10）交接方式、运费的支付、约定的运达期限、货物中转地点。
11）在不违背我国有关法律、法规的前提下，双方同意列入的其他事项。

国际多式联运提单一般都应注明上述各项内容，如果缺少其中一项或两项，而所缺少的内容不影响多式联运提单的法律性质，不影响货物运输和各当事人之间的利益，那么这样的集装箱多式联运提单仍然有效。此外，除按规定的内容填制外，还可以根据双方的实际需要和要求，在不违背提单签发国法律的情况下加注其他项目，如有关特种货物的装置说明；对所收到的货物批注说明；在不同的运输方式下，承运人之间的临时洽商批注等。

三、国际多式联运提单的签发与转让

一般情况下（如费用预付），多式联运经营人在收到货物后，签发多式联运提单前，应向发货人收取合同规定的和应由其负担的全部费用，然后可以根据发货人的要求签发可转让国际多式联运提单或不可转让国际多式联运提单。根据《联合国国际货物多式联运公约》的要求，国际多式联运提单的转让性在其记载事项中应有规定。

1. 可转让的国际多式联运提单具有流通性

国际多式联运提单以可转让方式签发时，应列明按指示或向持票人交付。如列明按指示交付，须经背书后转让；如列明向持票人交付，无须背书即可转让。提单上的通知方一般是在最终交货地点由收货人指定的代理人。此外，如签发一套一份以上的正本，应注明正本份数，各正本提单具有同样的法律效力，但多式联运经营人或其代表如已按其中的一份正本交货便已履行交货责任，其他正本提单自动失效。如签发任何副本，每份副本均应注明"不可转让副本"字样。对于签发一套一份以上的可转让国际多式联运提单正本的情况，如多式联运经营人或其代表已按照其中一份正本交货，该多式联运经营人便已履行其交货责任。如果多式联运经营人在接收货物时，对货物的实际情况和提单中所注明的货物的种类、数量、重量和标志等有怀疑，但又无适当方法进行核对、检查时，可以在提单中作出保留，注明不符之处及怀疑根据。

2. 不可转让的国际多式联运提单没有流通性

签发不可转让多式联运提单时，应列明收货人的名称。多式联运经营人凭单据上记载的

收货人而向其交货。按照《联合国国际货物多式联运公约》（以下简称公约）的规定，多式联运提单以不可转让的方式签发时，应指明记名的收货人。同时规定，多式联运经营人将货物交给提单中所指明的记名收货人或经收货人以书面形式指定的其他人后，该多式联运经营人即已履行其交货责任。

四、多式联运提单的签发

多式联运经营人在收到货物后，凭发货人提交的收货收据（在集装箱运输时一般是场站收据正本）签发多式联运提单，根据发货人的要求，可签发可转让或不可转让提单中的任何一种。签发提单前应向发货人收取合同规定的和应由其负担的全部费用。

1. 签发提单时应注意的事项

1) 签发可转让多式联运提单时，应在收货人栏中列明按指示交付或向持票人交付。签发不可转让提单时，应列明收货人的名称。

2) 提单上的通知人一般是指在目的港或最终交货地点由收货人指定的代理人。

3) 对签发正本提单的数量一般没有规定，但如按发货人要求签发一份以上的正本时，在每份正本提单上应注明正本份数。

4) 如签发任何副本（应要求），每份副本均应注明"不可转让副本"字样，副本提单不具有提单的法律效力。

5) 如签发一套一份以上的正本可转让提单时，各正本提单具有同样的法律效力；而多式联运经营人或其代表如已按其中的一份正本交货便已履行交货责任，则其他提单自动失效。

6) 多式联运提单应由多式联运经营人或经他授权的人签字。如不违背所在国法律，签字可以是手签，手签笔迹的印、盖章、符号可用任何其他机械或电子仪器打出。

7) 如果多式联运经营人或其代表在接受货物时，对货物的实际情况和提单中所注明的货物的种类、标志、数量或重量以及包、件数等有怀疑，但又无适当方法进行核对和检查时，可以在提单中保留，注明不符之处和怀疑根据。但为了保证提单的清洁，也可按习惯做法处理。

8) 经发货人同意，签发不可转让提单。在这种情况下，多式联运经营人在接管货物后，应交给发货人一份可以阅读的单据，该单据应载有此种方式记录的所有事项。根据规定这份单据应视为多式联运单据。

2. 多式联运提单签发的时间与地点

多式联运提单一般是在多式联运经营人收到货物后签发的，由于联运的货物主要是集装箱货物，因而经营人接收货物的地点可能是集装箱码头或内陆港堆场、集装箱货运站和发货人的工厂或仓库。由于接受货物的地点不同，提单签发的时间、地点及联运经营人承担的责任也有较大区别。

（1）在发货人工厂或仓库收到货物后签发的提单：这种情况属于在发货人的"门"接收货物，站场收据中应注明。提单一般在集装箱装到运输工具（可能是汽车，如有专用线时也可能是火车）后签发。在该处签发提单意味着发货人应自行负责货物报关、装箱、制作装箱单、联系海关监装及加封，交给多式联运经营人或其代表的应是外表状况良好、铅封完整的整箱货物。而经营人应负责从发货人工厂或仓库至码头堆场（或内陆港堆场）的运输和运至最终交付地点的全程运输。

（2）在集装箱货运站收货后签发的提单：在这种情况下，多式联运经营人是在他自己的或由其委托的集装箱货运站接受货物。该货运站可以在港口码头附近，也可以在内陆地区。接收的货物一般是拼箱运输的货物。提单签发时间一般是在货物交接入库后。在该处签发提单意味着发货人应负责货物报关，并把货物（以原来形态）运至指定的集装箱货运站，而多式联运经营人负责装箱，填制装箱单，联系海关加封等业务，并负责将拼装好的集装箱运至码头（或内陆港）堆场。

（3）在码头（或内陆港）堆场收货后签发的提单：这种情况属于码头（或内陆港）堆场接受货物，一般由发货人将装好的整箱货运至多式联运经营人指定的码头（或内陆港）堆场，由经营人委托堆场业务人员代表其接收货物，签发正本场站收据给发货人，再由发货人用该正本至经营人或其代表处换取提单。联运经营人收到该正本，并收取应收费用后签发提单。

在该处签发的提单一般意味着发货人应自行负责货物装箱、报关、加封等工作，并负责这些整箱货物从装箱地点至码头（或内陆港）堆场的内陆运输。而多式联运经营人应负责完成或组织完成货物由该堆场至目的地的运输。在上述各地点签发的多式联运提单，均属于"待装船提单"（待运提单）。为了适应集装箱货物多式联运的需要，《跟单信用证统一惯例》最近三次修订本均规定卖方可使用联运提单结汇。在各处签发提单上的日期，一般应是提单签发的日期，否则多式联运经营人要承担较大的风险。

五、多式联运提单与单一运输方式下单据的比较

不同运输单据的内容、性质和作用的规定都是以某一国际公约为基础的，一般均在首要条款中对服从的国际运输公约作出说明。由于不同运输方式的特点、运输组织形式、货物运输中的风险及货物运输所需要的时间等方面存在着差别，各国际公约对运输单证内容、性质、作用及条款的规定也有很大的差别。多式联运提单与各单一方式运输单据的主要差别可通过下表 7-1 来说明。

表 7-1 多式联运提单与各单一方式运输单据主要差别表

单证 内容	铁路运单	公路运单	海运提单	联运提单	多式联运提单
运输方式	铁路	公路	海运	同一种运输方式间（实务中有例外）	多种
接收货物收据	是	是	是	是	是
运输合同	是	是	不是	不是	不是
交付凭证	不是	是	是	是	是
物权证明	不是	不是	是	是	是
可转让性	不可	不可	可（特殊情况例外）	可（特殊情况例外）	可（特殊情况例外）
货方风险	无	无	有	有	有
责任期限	站—站	接收—交付	港—港	接收—交付	接收—交付

教师演示

第一步:对国际多式联运提单的内容、签发、转让及多式联运提单的签发等准备相应的案例,并结合案例详解。

第二步:老师准备充分的素材和具体实例,组织学生进行分组讨论,或进行情景模拟活动训练。

第三步:提出各类在实际工作中经常出现的问题或错误让学生解决,以提高学生学习知识的灵活性。

学生动手

第一步:查阅资料了解《联合国国际货物多式联运公约》。

第二步:熟悉国际多式联运提单的内容、签发、转让等规则,并能够灵活处理一些具体事务。

第三步:积极参加讨论和训练,灵活运用所学知识。

举一反三

试分析情景导入中的案例。

学习评价

被考评人					
考评地点					
考评内容	国际多式联运提单的内容、签发、转让等知识的掌握				
考评标准	内　　容	分值/分	自我评价/分	小组评议/分	实际得分/分
	运用知识的准确性	40			
	运用知识的灵活性	40			
	资料掌握的准确性	10			
	参与能力	10			
	合　　计	100			

注:1. 实际得分=自我评价40%+小组评议60%。

　　2. 考评满分为100分,60~74分为及格;75~84分为良好;85分以上为优秀(包括85分)。

第八单元　国际集装箱多式联运进出口货运业务

任务一　了解国际集装箱多式联运出口货运业务

任务描述

国际集装箱运输出口货运程序包括订舱、确认、发放空箱、拼箱货装运交接、整箱货装运交接、集装箱交接签证、换取（签发）提单、装船等环节。

任务目标

1. 掌握国际集装箱多式联运出口货运程序。
2. 了解国际集装箱多式联运各业务单位出口业务。

情景导入

杭州工艺品公司出口一批工艺品去意大利，提单上注明"CY—CY"和"SLCAS"，并由承运人加注"SAY ONE CONTAINER"，收货人打开箱门拆箱时，发现箱内装载的并非工艺品，而是石头和砖头，收货人即通知警方。经过一系列的侦破，最终查明是码头堆场的工人与海关勾结捣箱后伪造关封所致。杭州工艺品公司出口装载的确系工艺品，而且进口国海关也知道这一装箱情况，于是在该箱子卸船运至堆场堆存期间，海关在验货后没有将关封扣死，然后由码头工人利用工作之便进行捣箱装载后再将关封扣死，如警方没有侦破这一案例，收货人也无法举证责任方，同样只能由自己承担责任。类似案例国内也已发生多起，所以，从事此项工作的人员务必加强工作责任，严格把好国际多式联运出口货运业务的每一关，做到单箱相符、单单相符、箱货相符。

知识储备

一、国际集装箱多式联运出口货运程序

1. 订舱

发货人最迟在船舶到港前 5 天填制订舱单，向船公司或其代理人订舱。订舱单是发货人向船舶公司或其代理人（代理公司）提出托运的单证，一经船方签证确认，即成为船、货双方订舱的凭证。订舱单应该填制的内容如下：

1）装箱港以及承运人收到集装箱的城市。
2）卸箱港以及货运目的地。
3）发货人以及发货人的代理人（通知人）。
4）货名、数量、吨数、货物外包装、货类以及特种货情况的说明。如冷藏货所需的温度，危险货物性能、称件、等级等。
5）集装箱的种类、规格和箱数。
6）集装箱的交接点及方式，是装卸区的堆场还是货运站，是货主仓库或工厂还是"门到门"。
7）填明内陆承运人是由发货人或其代理人（代理公司）安排，还是船舶公司安排。
8）在装卸区堆场交接时，应注明装箱地点、日期及重箱运到堆场的承运人和运到日期。
9）拼箱货中如有超长货，应注明规格及尺寸。

2. 确认

发货人填制递交的订舱单经过船舶公司或其代理人（代理公司）确认后即成为船货双方的订舱凭证。船方将根据订舱单编制订舱清单。

订舱清单是船公司承受货物运输的凭证，也是码头接货的通知，要分送集装箱装卸区和货运站，以便安排空箱及办理货运交接。

3. 发放空箱

整箱货运的空箱由发货人领取，拼箱货运的空箱由货运站内部领取。空箱出门（附底盘车、台车、电动机等设备），集装箱所有者与使用者要办理设备交接单。设备交接单是交接集装箱及其设备的凭证。

4. 拼箱货装运交接

货运站根据订舱清单资料核对场站收据接收拼箱货，并在集装箱货运站装箱，填制装箱单。场站收据是证明托运的集装箱货物已经收讫，也是明确表示船舶公司（货运站为船舶公司代理人）开始对货物负责的依据。

5. 整箱货装运交接

发货人自行装箱，制作装箱单及场站收据，经海关加盖出口许可章，加上出口申请书原件，连同已装货物的重箱送交码头堆场，由港方核对各种单据并验收。

装箱单是详细记载装进集装箱内货物的名称、数量等资料的唯一单据，是作为向海关申报货物运进装货地的代用单据，是作为船只通告箱内所装货物的明细表，是卸货港作为办理集装箱保税运输手续的依据。

6. 集装箱交接签证

货运站验收拼箱货，装卸区核收整箱货后，在场站收据上签收，交还发货人。

7. 换取（签发）提单

发货人凭场站收据向代理公司换取提单再往银行结汇。如果信用证规定需要装船单，则应在集装箱装船后，经船长或大副签证，才能换取已装船提单。

集装箱运输提单与传统海运的提单有所不同，它是一种收货待装提单。但在大多数情况下，根据发货人的要求，船舶公司在提单上填制"装船备忘录"，即签发已装船提单。这样，它就与传统提单相似了。当发货人在仓库、工厂、装卸区堆场或集装箱货运站交货、交箱时，取得场站收据后即可据以向船舶公司要求签发。

8. 装船

集装箱装卸区根据船舶性能和资料、订舱清单及场地积载计划等编制船舶积载图，候船到港后，经船方确认，即行装船。

二、国际集装箱多式联运各业务单位出口业务

1. 发货人的出口业务

（1）成交：发货人首先必须与外国买方签订出口合同，若是集装箱货运，则必须注明。

（2）申请出口许可证：发货人的出口申请书经有关法定单位盖章签证后，即为出口许可证。

（3）订舱托运：订舱是指发货人根据贸易合同或信用证条款的规定，在货物托运前一定时间内填好集装箱货物托运单，委托其代理或直接向船舶公司申请订舱。船舶公司或其代理公司根据自己的运力、航线等具体情况考虑发货人的要求，决定是否接受申请。若接受申请，则着手编制订舱清单，然后分送集装箱堆场、集装箱货运站，据以安排空箱，办理货运交接。

（4）整箱货的交运：货物装箱完毕须加铅封再交运。发送整箱货至集装箱装卸区时，必须附送场站收据、装箱单、设备交接单（入门）、商检证书、出口许可证、特种货清单及报关单等单证。

（5）拼箱货的装运：发送拼箱货至货运站时，须附场站收据、出口许可证、特种货清单等单证。货运站应逐项核对场站收据及订舱单所列各项，然后签发场站收据交发货人。货运站有权将同一票货分在两个集装箱内。

资料卡

拼箱货装运的注意事项：

1）重量必须正确，如复查超重大于5%，则将被处罚款。

2）不同卸货港的货物不能装入同一集装箱。

3）装载冷藏货物或危险货物时，必须随附特种货清单，说明货物的性能、标志、等级等。冷藏货物还需填写所需冷藏温度。

2. 船舶公司及其代理公司的出口业务

（1）集装箱的调配：集装箱运输的首要问题是掌握货源，提高集装箱的周转率，只有这样才可以提高船舶公司的经营效益。因此，针对集装箱数量的确定、货源的调配、全程跟踪、加快集装箱的周转等问题，须建立一个健全、科学的管理系统，环环相扣，逐次解决。

（2）接受托运：各港代理公司在集装箱经营点的分配额下接受托运、确认订舱单，并据以编制订舱清单。在船舶到港 10 天前，开始将订舱清单送装卸区及货运站，船到港 3 天前再汇总清单，分送海关及船长。交给货运站的那一份订舱清单作为装箱指示，货运站即可据以联系发货人送货装箱。清单的主要内容包括船名、航次、装箱港、装箱数及备注。

（3）各种单证：代理公司应编制和对外寄发集装箱货运单证。"货载舱单"是按各公司规定格式，根据发货人所编提单而编制的。

3. 集装箱装卸区的出口业务

集装箱装卸区除负责保管、管理出借的集装箱和拖头箱机械设备外，还兼管验收、堆码及装船等重要工作。

（1）整箱货和拼箱货的验收：为做好积载装船工作，必须规定截止收箱收货时间。前方堆场应事先安排好集装箱的存放时间，且必须限制在规定的时间内。

（2）堆场积载：堆场管理员及计划员应根据订舱清单和专用列车经后方堆场情况及货运站编送的有关报表，编制适合装船的前方堆场的堆场积载计划。

（3）船舶积载：这是具体装船的规划。根据订舱清单、装箱单和堆场积载计划编制计划积载草图，待船舶到港征得船方同意后即装船。如是中途挂港，船上已装有集装箱，应将订箱数量、规格、目的港等电告船方，以便配舱，等收到回电后再编制计划积载草图。

编好草图后，由理货员验查集装箱数及其外表状况，编制理货单证，候装船完毕应立即编制及分送实际积载图。堆场管理员编制装箱清单，作为对内、对外确认货物的书面报告。理货员根据场站收据、设备交接单以及在装船时发现异常状况的有关批注，编制批注清单，以明确责任。

装船完毕，装卸区应提供给船长下列单证：①装箱单。②场站收据。③提单副本。④积载草图及船舶积载图。⑤货载舱单。⑥装箱清单。⑦特种货清单。⑧批注清单。⑨理货单证。⑩订舱清单及订舱汇总清单。船长应在场站收据海关联上签字，以证实集装箱已装船。然后，装卸区将该联连同出口许可证和有关装箱单送请海关盖章，以完成监管手续。

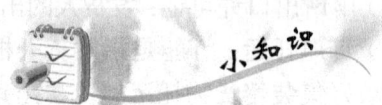

小知识

积载应达到下列要求：
1）保证船舶的强度及稳定性。
2）保持理想的吃水差，使船舶具有最好的航行性能。
3）合理地利用船舶的载重及舱容。
4）确保集装箱在舱内完整无损、在舱面安全。
5）便于装卸作业。
6）各港装卸时，不要造成翻舱。

4. 集装箱货运站的出口业务

（1）收货装箱准备：货运站收到拼箱货物订舱单后，应立即估计所需集装箱的规格、种类和数量，通知船舶公司并联系堆场取空箱，再联系发货人按期送货。

货运站收到货物应对照订舱单验收，如有异常状况应立即批注，必要时由船方决定是否接受装箱，再查对出口许可证，全部无误后，即签发场站收据。

（2）装箱：货物装箱前应先由公证行衡量，在装箱时应请海关监督理货、验货、点数。装箱时要充分注意按货物的目的地或卸港装箱，尽量不出现亏箱，更应特别注意货物的性质及包装的状况。装箱后，应编制相应的理货单证并编送装箱报告。这是集装箱管理处所需的基本资料。

（3）交箱：装卸完毕，应即与堆场联系，将集装箱送交堆场。双方一同验对铅封，核对有关单证，办理交接手续。

教师演示

第一步：准备资料，如企业的装箱单，讲解填制装箱单时的注意事项。

第二步：注意事项如下。

1）整箱货由发货人填制装箱单，其内容必须与订舱单及场站收据一致。

2）发货人向海关申请出口许可证的号数必须填写清楚。

3）如集装箱内装入不同货种，按货物装箱位置，由端壁起至箱门，顺序依次填写，以载明箱内积载情况。

4）除发货人签署外，运箱底盘车的驾驶员和堆场管理员也必须在单上签证。

5）如原铅封因故损坏，经行政部门指定启封检查，事后应由装卸区代表船方另行加封或由行政部门另行加封，并在单上批注。

6）拼箱货由货运站填制装箱单。

7）如拼箱货同一票货分两箱装，则应在第一箱单的末行加注"注意"等字样。

学生动手

第一步：练习填制企业的装箱单。了解装箱单分发的对象，装箱单一式11联，分发给制单者（发货人）或货运站、集散港（点）的代理人、集装箱管理处、集装箱港代理公司、卸箱港代理公司、卸箱港货运站、卸箱港海关、卸箱港堆场、装箱港海关、船长、装箱港堆场等。

第二步：熟练掌握国际集装箱多式联运出口货运程序，并绘制出口货运程序图。

第三步：阅读资料，拓展知识。

集装箱整箱货运输下"隐藏损害"责任的确定应依据的原则

1. 发货人责任的确定

对发货人来说，整箱货运输的主要责任有三个方面：一是在选用集装箱时，应保证该箱子具备适航或适货条件，即在装箱之前应对箱子进行外部检查和内部检查。如该箱子不能满足货物装载运输，则应拒装，如事实上该箱子不能满足货物装载运输，发货人仍将货物装载箱内，一旦造成货损事故，该货损事故应由发货人承担；二是装载箱内的货物包装应牢固、标志清晰、内容完整,以保证运输的安全性、牢固性、可靠性;三是在将装载货物后的箱子交由承运人时,箱子外表状况应良好、关封完整,箱号、关封号与单证记载一致。此外,在"隐藏损害"发生后,力求出具由海关或公证行验货、装箱的证书。这样,即使收货人向发货人提出"隐藏损害"赔偿,发货人也可解除责任,除非收货人确有证据证明该货物灭失或损害确由发货人过失所致。

2. 承运人责任的确定

对承运人来说,整箱货运输下只要在箱子外表状况良好、关封完整下接货并交货,而收货人在接收时并没有对箱子外表状况、关封状况提出异议,则表明承运人对该箱子货物的责任宣告终止,特别是在"CY—CY"条款下,因为条款由收货人自行安排内陆运输,除非收货人对于货物灭失或损害的"隐藏损害"确能举证说明是承运人过失所致,但同样承运人可反举证解除自己责任。对于承运人整箱货运输下"隐藏损害"责任的确定,一是依据提单上的正面条款,二是依据提单上对整箱货的批注。

3. 收货人责任的确定

对收货人来说,在接收整箱货时,应认真检查箱号、关封号是否与单证记载一致。此外,箱子外表状况是否良好,关封有无异常状况,如箱子外表有损或关封有异常,则应在设备交接单、提货单上加注,以便一旦发生"隐藏损害"时向责任方提出索赔。如果收货人在提取整箱货时没有提出任何异议,则表明承运人已完整交货。

4. 保险人责任的确定

对保险人来说,提赔人提出的赔偿只有在原则上具备两个条件时,保险人才给予赔偿。一是货物的灭失或损害发生在保险人责任期限内;二是货物的灭失或损害属保险人的赔偿责任范围内,两个条件不可缺一。如整箱货运输下无法确定货损发生区段和责任方时,均向保险人提出赔偿要求,事实上是让保险人承担"隐藏损害"赔偿责任。这在保险法则上不尽合理,也不利于集装箱运输的发展。

举一反三

简述国际集装箱多式联运出口货运程序。

学习评价

被考评人					
考评地点					
考评内容	对国际集装箱多式联运出口货运业务的掌握				
考评标准	内容	分值/分	自我评价/分	小组评议/分	实际得分/分
	基础知识的掌握程度	50			
	实际操作能力	50			
	合计	100			

注:1. 实际得分=自我评价40%+小组评议60%。
2. 考评满分为100分,60~74分为及格;75~84分为良好;85分以上为优秀(包括85分)。

任务二　了解国际集装箱多式联运进口货运业务

任务描述

国际集装箱多式联运与普通海运有所区别，在集装箱货物运到目的地后，船、货双方交接的责任在交货地点、交货条件、经济利益等方面有所不同。掌握集装箱多式联运收货人、船舶公司及其代理公司、集装箱装卸区及集装箱货运站等单位具体的进口业务的基本工作程序，以保证国际集装箱多式联运进口货运业务的有序开展。

任务目标

1. 明确集装箱运输在目的地（进口国）交接责任的特点。
2. 熟悉国际集装箱多式联运进口货运程序。
3. 了解集装箱多式联运各业务单位的进口业务。

情景导入

上海某公司从国外进口 6 个集装箱的废铜，进口提单上注明"CY—CY"和"SLAC"字样，该公司从码头堆场将箱子拉到拆箱地点，打开箱门发现箱内装载的是废钢铁。在收到这批货 6 个月后，该公司才迟迟向国外发货人提出索赔，理由：一是提单加注"SLAC"，发货人明知装卸的是废钢铁，而提单货物内容加注的却是废铜。国外发货人事后两个月向该公司出具了两份证书，一份是该国的海关出具的"海关监装证书"，另一份是公证行出具的"装箱证明书"。这两份证书分别证明货主实际装载出口的货物确系废铜，而且数量与单证记载相符。我们应如何明确集装箱运输在目的地（进口国）交接的责任呢？

知识储备

一、集装箱运输在目的地（进口国）交接责任的特点

集装箱运输与普通海运有所区别，在集装箱货物运到目的地后，船、货双方交接的责任有所不同。

1. 交货地点不同

普通海运的交接点在船舷或船边，而集装箱货运则延伸到陆地，如站、场、门等。

2. 交货条件不同

拼箱货船方的责任虽与传统海运一样，即负责货物的件数和包装的完整。但整箱货船方只负交箱责任,只要铅封完好,箱的外表与接运时相似,责任即告终止。

3. 经济利益不同

在传统海运中,船舶等运输设备只与承运方有关,不涉及货方的经济利益。但在集装箱运输中,集装箱作为运输设备,当整箱货在门场交接后即由货方控制,直至空箱送回,这期间集装箱当然由货方负责。

二、国际集装箱多式联运进口货运程序

1) 出口港在船舶开航后,应将有关箱运单证航空邮寄给进口港区船舶公司的集装箱管理处。

2) 集装箱管理处收到出口港寄来的各种货运单证后,分别发给进口港代理公司和集装箱装卸区。

3) 进口港代理公司在接到船舶到港时间及有关箱运资料后,分别向收货人发送到货通知。

4) 收货人接到到货通知,即向银行付款购单,并以正本提单向代理公司换取提货单。

5) 代理公司根据收货人提供的正本提单,经与货运或箱运舱单核对无误后,即签发提货单。提货单是收货人向装卸区或货运站提货的凭证,也是船舶公司对装卸区或货运站交箱交货的通知。船舶公司的代理公司在签发提货单时,除了收回正本提单并查对进口许可证外,还须要求货方付清运费及一切有关费用。

6) 收货人凭进口许可证及提货单到集装箱装卸区办理提箱、提货手续。

7) 就整箱货而言,装卸区堆场根据正本提货单交箱,并与货方代表在船舶公司签发的设备交接单上签字,以示办妥交接手续。

8) 拼箱货在货运站办理提货手续,由货运站向货人收回正本提货单,并将货交由收货人提取。

> **小知识**
> 进口货运所涉及的单证:①提货单。②卸箱清单。③理货计数单。④溢短残损单。⑤催提单。⑥拆箱单。

三、国际集装箱多式联运各业务单位的进口业务

1. 收货人的进口业务

(1) 成交开证:在进口商品前,作为买方的收货人必须与卖方(发货人)签订买卖合同(进口合同),然后委托银行开出信用证(在采用信用证支付方式下)。其中,买卖合同的运输条款中必须注明采用集装箱装运。

(2) 申请进口许可证:收货人事先向海关或有关部门申请进口许可证,否则装卸区可拒绝交货。

(3) 换取提货单:在收货人委托的开证银行收到起运地银行寄来的全套运输单证后,收货人即应向开证银行结付货款,方取得全套运输单证。然后以其中的正本提单连同进口许可证向进口港代理公司换取提货单,并付清一切费用,再向装卸区提货。

(4) 报关放行:收货人应持进口许可证及运输单证和贸易证向海关及有关单位办理报送放行手续,进口货物报关单。

（5）提货及运回空箱：上述手续办妥即可凭提货单提货。整箱货在送达收货人单位后，应立即进行拆箱卸货，并将空箱在规定时间内送回，否则须支付滞期费。

（6）索赔：收货人实际收到的集装箱或货物和持有的提单记载不符，即有短少、损坏、灭失等，经查证应由承运人负责的，收货人通过代理公司向承运人提出索赔，或委托保险公司办理索赔。

2．船舶公司及其代理公司的进口业务

（1）集装箱管理处向集装箱装卸区下达任务：在船舶到达卸货港 5 天前，由船舶公司航区的集装箱管理处对卸货港的装卸区下达卸货指示。其内容是卸箱总数以及特殊要求，如变更目的港等。

（2）发进口提货通知：船舶到港前发到达通知，通知收货人作好准备，并强调船到即须提货。船舶抵港时再发出提箱或提货通知，强调如逾期提货将征收堆存费及转场费。

（3）分发进口单证：卸箱港代理公司要分发下列进口单证：

1）进口货运舱单，即出口港的货运舱单。由于某些国家要求该单证必须按海关规定格式填制，所以有时必须由进口港重新编制。

2）特种货进口舱单，为有关机关检验特种货运之用。

3）进口集装箱清单，即装箱清单，它与货运舱单一样，作报关卸货之用。

4）装箱单，供收货人或货运站拆箱点验货物之用。

5）副本提单，签发提货单时与正本提单核对。在交箱或交货时，供核对提货单之用。

6）积载图，为装卸区编制卸箱作业计划及堆场计划之用。

7）批注清单，供划分船舶与装卸区及船方与货方责任之用。

（4）签发提货单：船舶发生共同海损时，收货人必须提供海损协议书、共同海损货物保价单、现金保证或由保险公司签具的保证书等单证。发生货损、货差时，因代理公司事先不知，故收货人可以在提货单上批注，同时向装卸区索取短缺或残损单，以便办理索赔。

提单或舱单上载有件数争议，如遇溢出，则仍按正本提单原列件数签发提货单，实际交货后确有多余，再通过出口港代理公司征求发货人意见加以处理；如遇短缺，代理公司可签两份提货单，第一份签上减去争议数字的件数，第二份签上争议的件数，实际交货时再按实际情况处理。

（5）签发设备交接单：签发本单手续与出口港发货人借用手续相同。

（6）货损、货差理赔：在集装箱货运中，承运人与货物所有人之间，委托方与代理公司之间，船方与装卸区或其他业务服务单位之间，由于其中一方违反合约或其他约定，或是未按提单条款履行和未按设备交接单背面条款履行，或是工作中的疏忽和过失，造成另一方的损害等，受损方可以就遭受的直接损失向责任方取得补偿。

在处理货损货差的理赔中，代理公司处理步骤包括受理、审查、提赔和结案 4 个内容。其处理方法与传统海上货运手续相同。但因在集装箱运输中造成货损、货差的原因与传统运输有所不同，如因操作不当、维修保护不当造成集装箱损坏和装货积载不当、集装箱失窃及集装箱掉入海底等而引起货损，在审查分析时必须给予充分考虑。

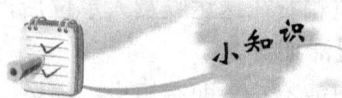

卸箱港代理公司要分发下列进口单证：
1）进口货运舱单（即出口港的货运舱单）。
2）特种货进口舱单（为有关机关检验特种货运之用）。
3）进口集装箱清单（即装箱清单，与货运舱单一样作报关卸货之用）。
4）装箱单（供收货人或货运站拆箱点验货物之用）。
5）副本提单（签发提货单时，与正本提单核对）。
6）积载图（为装卸区编制卸箱作业计划及堆场计划之用）。
7）批注清单（供划分船舶与装卸区及船方与货方责任之用）。

3. 集装箱装卸区的进口业务

（1）进口卸箱准备：装卸区应根据集装箱管理处下达的卸箱指示以及出口港所编的船舶积载图和中途港可能编送的翻舱清单编制卸箱作业计划、堆场计划和交箱计划。这些计划首先应考虑3种交接方式（即站、场、门交接）分别堆装，同时还应考虑集装箱是继续转运还是直接交给收货人。在集装箱运输中，从船上卸下和把箱子交给收货人如能同时进行是最理想的管理方法，可以避免集装箱积压在堆场，因此必须有严密的计划。

（2）向港口有关当局申报：装卸区收到集装箱管理处转出的出口港所编的单证后，应分别向海关和有关防疫所申报。

（3）卸箱进场：卸箱进场时应注意以下几点：
1）根据管理处的卸箱指示、出口港所编的货运舱单、船舶积载图和装箱清单等编制卸箱计划后立即进行卸船作业。
2）在卸箱时如发现异状，应在卸箱清单上注明。对照出口港所编批注清单，如发现损坏有所扩大，也应在清单中注明。
3）卸箱完毕，应根据卸箱清单批注汇编及分送溢短残损单，并对照出口港所编装箱清单核对箱数，如有不符也应在溢短单中注明。

（4）整箱货交箱：代理公司签发的提货单和设备交接单是整箱货交箱的依据，并应对照是否与出口港所寄装箱单、提单副本一致，如有不符应及时向代理公司联系。

交箱时先查对进口许可证，然后根据提货单交箱。双方应一同查验铅封及集装箱外表情况，如有异常状况，可在交货记录上批注。

交箱完毕，装卸区还应根据交箱记录汇编另一份残损单，分送代理公司及集装箱管理处，作为日后区分责任及办理理赔的参考。装卸区应逐日查对代理公司给收货人所发的提箱通知，注意提货动态。船舶卸箱完毕后7天应编制清算，分送代理公司及管理处，再次向收货人催提。

（5）船上翻舱：船舶因故必须翻舱时，应由翻舱港装卸区编制翻舱清单，作为船舶积载图的辅助单据。

（6）内陆货运站或非卸箱港集散点交箱：如交箱地点在内陆货运站或非卸箱港，则卸箱港所签设备交接单仅作为内部交接之用。这是因为提货单是交给货运目的地的装卸区的，而不是卸箱港的装卸区的。

（7）空箱管理：每日下午下班前，应将当日存场空箱编制报告，于次日报送集装箱管理处及当地代理公司。

装卸区应将下列单证交货运站：
1）货运舱单、集装箱清单、特种货清单（为船公司的交货通知）。
2）装箱单（为船公司的拆箱指示）。
3）提单副本（为交货时核对提货单的依据）。
4）批注清单（为交货时划分责任的依据）。

4. 集装箱货运站的进口业务

（1）拆箱计划安排：货运站根据货运及装箱情况，编制拆箱计划，并及时联系收货人，确定提货时间，据以安排拆箱卸货计划。

（2）箱货交接：货运站根据拆箱计划向堆场领取拼箱货集装箱。

拆箱前，应联系海关派员监督，会同检验开铅封，如有异常状况，应在损单上批注。启封后，即行卸货，由理货员对照货运舱单或提单副单核对货运资料，即货名、标志、件数以及外表情况，如有异常状况，应在短残损单上批注。

货运站根据代理公司签发的提货单，并对照出口港所寄的装箱副本审核是否一致，如有不符，应及时联系代理公司解决。此外，收货人应当持有有效的进口许可证或内陆运输证，然后双方一同在提货单上签字，完成交货手续，如有异常状况，也应在交货记录上批注有溢短，理货员还应编制溢短残损单，分送船舶公司及集装箱管理处。

货运站应逐日查对代理公司对收货人所发的提货通知以及和收货人约定的提货时间，进行催提。船舶卸箱完毕8天后，应编制催提进口货清单，分送代理公司及集装箱管理处，以便再次催提。

（3）空箱管理：拼箱货在拆箱卸货完毕，将空箱交回堆场前，必须检查下列事项：

1）集装箱必须清洁，如有防水布或其他设备，都应处于完好状态。
2）加固用的钉子、木板，捆扎的索具或其他设备等材料，应全部清除出箱。
3）发现集装箱损坏，应立即通知箱子所有人及时进行修补。

教师演示

第一步：准备集装箱装卸区的相关资料。集装箱装卸区一般由专用码头、前沿、堆场、货运站、指挥塔、修理部门、大门和办公室等组成。

第二步：讲解在集装箱装卸区内卸箱进场时的注意事项。

1）根据管理处的卸箱指示、出口港所编的货运舱单、船舶积载图、装箱清单等编制卸箱计划后，应立即进行卸船作业。

2）在卸箱时如发现异常状况，应在卸箱清单上注明。

3）卸箱完毕，应根据卸箱清单批注汇编及分送溢短残损单，并对照出口港所编装箱清单核对箱数，如有不符，也应在溢短单中注明。

学生动手

第一步：认真听老师讲解。
第二步：熟练掌握国际集装箱多式联运进口货运程序，并绘制进口货运程序图。

举一反三

试述国际集装箱多式联运中，收货人的进口业务工作流程。

学习评价

被考评人					
考评地点					
考评内容	对国际集装箱多式联运进口货运业务的了解				
考评标准	内　　容	分值/分	自我评价/分	小组评议/分	实际得分/分
	基础知识的掌握程度	50			
	实际操作能力	50			
	合　　计	100			

注：1. 实际得分=自我评价40%+小组评议60%。
　　2. 考评满分为100分，60~74分为及格；75~84分为良好；85分以上为优秀（包括85分）。

第九单元 国际集装箱多式联运运价

任务一 掌握国际集装箱多式联运运费的基本结构

 任务描述

国际集装箱运价同其他交通运输价格一样,对国民经济的发展起着重要的调节作用。合理地制定运价,有利于促进商品的流通,促进生产力的合理布局,促进各种运输方式之间的合理分工,提高运输工具的使用效率。

 任务目标

1. 掌握国际集装箱多式联运运价的特点。
2. 了解影响国际集装箱运价制定的主要因素。
3. 能分析国际集装箱多式联运运费的基本结构。
4. 了解集装箱不同交接方式下的运费构成。
5. 掌握国际集装箱多式联运的计费方式

 情景导入

虽然目前在有些国际班轮航线上,如泛太平洋航线及泛大西洋航线,班轮公会实际上实行的是"点到点"运费率,但是,大多数国际集装箱海上承运人还没有真正采用这种"门到门"运费率形式。然而,随着国际集装箱运输及多式联运的迅速发展,采用"门到门"运价正变得越来越普遍,这种费率形式的大规模应用只是时间问题。因此,有必要在此就制定国际集装箱多式联运运价的基本原则及运费的基本结构等方面的问题上进行讨论。

 知识储备

一、国际集装箱多式联运的定价原理

1. 国际集装箱多式联运运价及特点

通常所称的国际集装箱多式联运运价,不仅是一个简单的价格金额,而且还包括国际集装箱联运运费费率标准、计收办法以及承托双方责任、风险和费用划分等一个综合性的概念。

对一个经营国际集装箱多式联运的班轮公司来说，他在经营国际集装箱多式联运过程中，必然要有船员工资、伙食费、奖金、津贴、船箱的维修保养，货、箱的装卸，保险和税金以及企业的管理费用等营运支出。经营国际集装箱多式联运的班轮公司，为了维持和扩大其再生产，除了每年提取船箱折旧费外，还要获得一定的利润。为了补偿营运支出并获取一定的利润，就必须向托运人、收发货人收取集装箱多式联运费用，这种集装箱多式联运费用的单位价格，就是接下来将要论述的国际集装箱多式联运运价。

海上国际集装箱多式联运一般为班轮运输，它除了具有班轮运价的特点外，还具有国际集装箱运价本身的特点，具体表现在以下几个方面：

（1）责任期间不同：《海牙议定书》规定，海上承运人责任期间从装货港的船舷（吊钩）至目的港的船舷（吊钩），班轮运价也包括货物从装货港的船舷或吊钩至目的港的船舷或吊钩的单位运输费用。在运价中包括了海上承运人应向港方支付的港口费用。而集装箱联运提单中的条款规定："国际集装箱多式联运经营人风险责任从海上延伸到内地。"这打破了传统海上运输班轮对货物承担的"从装货港的船舷（吊钩）至目的港的船舷（吊钩）"的风险责任界限。由于国际集装箱多式联运扩大了集装箱的船舶公司的风险责任和业务范围，所以在国际集装箱运价中，包括了集装箱多式联运经营人应向港方集装箱码头堆场、集装箱货运站和内地支线承运人支付的有关费用。

（2）注明事项不同：签发集装箱联运提单，提单上除注明运费预付或到付以及费率和运费金额外，还应注明承、托双方商定的集装箱货物交接方式，即经商定的集装箱码头堆场、集装箱货运站、托运人或收货人的工厂或仓库、其他地点交接集装箱和集装箱货物，以便分清风险责任以及计收和支付运费。

（3）付费方式不同：在国际集装箱联运中，由国际集装箱班轮公司向托运人或收货人一次收取全程运输费用，然后由集装箱班轮公司（联运经营人）将其一部分运费分割给受委托的关系人，其中包括受委托的港口经营人、集装箱堆场经营人、集装箱货运站经营人和内地承运人以及受委托的船舶代理人、货运代理人、理货公司和集装箱修理、清洗企业。

（4）计提折旧不同：国际集装箱多式联运是采用国际标准集装箱装运国际货物，由于集装箱的价值每年还需计提折旧，所以集装箱班轮公司须向集装箱使用单位计收超期使用费以及集装箱丢失、推定全损和实际损坏的赔偿费。

2. 国际集装箱运价制定的主要影响因素

（1）运输成本：国际集装箱多式联运成本是制定和调整集装箱运价应遵循的最基本原则和最主要的影响因素。在集装箱货运量一定的条件下，如果上缴的税金不变，运输成本越低，所获得的利润就越高。

（2）运价制度：国际集装箱运价的制定，不仅要考虑本企业的国际集装箱多式联运成本，还要研究和掌握国际集装箱运价市场的情况，以便制定出在国际集装箱多式联运市场上具有竞争力的集装箱运价。

(3) 负担能力：制定国际集装箱运价，还要考虑到集装箱货物的负担能力，也就是说集装箱运价占集装箱货价的比例。

(4) 承运货物：不同性质的货物对集装箱运价有较大的影响，例如，冷藏货物需要采用冷藏集装箱来装运，危险货物特别是烈性危险货物虽然可采用普通干货集装箱来装运，但是运输这些特种货物必须采取相应的特殊措施来管理。

(5) 积载及批量：集装箱货物的积载因素及其批量对集装箱运价也有一定影响。因为整箱货物和拼箱货物的交接方式不同，所以对集装箱货物操作处理也不一样。

(6) 集疏运系统完善程序：内地集疏运系统的完善程度，对制定集装箱联运运价的影响很大。如果内地运输设施设备不配套，信息不足，管理不善，势必影响集装箱的周转和货物运送速度以及联运效率的提高。

(7) 货流不平衡：集装箱货流不平衡对集装箱运价的制定，也有不同程度的影响。

从以上分析可以看出，国际集装箱运价的制定，从某种意义上来说，主要是从集装箱多式联运成本的角度来考虑的。

二、国际集装箱多式联运运费的基本结构

1. 国际集装箱多式联运运费的构成

在国际多式联运下，集装箱货物交接从港口向内陆延伸，交接地点延伸至内陆港口、货运站、货主工厂或仓库等内陆地点，实现了"门到门"的运输，这使得国际集装箱多式联运运费构成不仅包括内陆运输费，而且还包括堆场服务费、拼箱服务费、海运运费、收货地疏运费等。国际集装箱多式联运运费基本结构如图 9-1 所示。

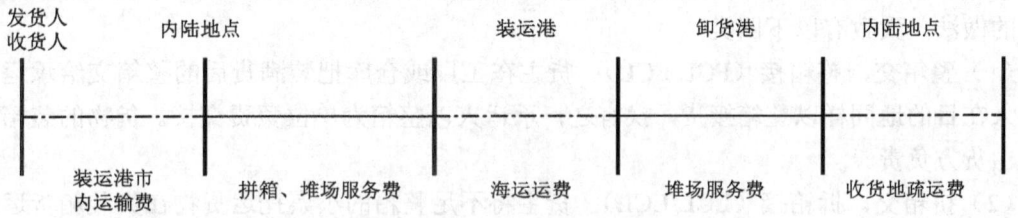

图 9-1　国际集装箱多式联运运费基本结构图

(1) 内陆运输费：主要包括区域运费、无效托运费、变更装箱地点费等。内陆或港口市内运输可以由承运人负责，也可以由货主自理。如果由承运人负责内陆运输，其费用则根据承运人的运价本和有关提单条款的规定来确定；如果由货主自己负责内陆运输，承运人则可根据自己的选择和事先商定的协议，在他所指定的场所将箱子或有关机械设备出借给货主，并按有关规定计用由收货人负责。

(2) 堆场服务费：也称码头服务费，包括在装船港堆场接受来自货主或集装箱货运站的整箱货和堆存、搬运至装卸桥下的费用，以及卸货港的从装卸桥下接收进口箱，将箱子搬运到堆场和在堆场的堆存费用。堆场服务费还包括在装卸港的有关单据费用。

(3) 拼箱服务费：包括拼箱货在货运站至堆场之间空箱或重箱的运输、理货、装箱、拆箱、封箱、作标记，在货运站内货物的正常搬运与堆存，以及签发场站收据、装箱单，必要

的分票、理货与积载等费用。

由于拼箱货物在集装箱交接及运作上与整箱货物不同，故在实际拼箱货物运输操作中常把其集装箱运费结构概括为海运运费及拼箱服务费两大块。其拼箱服务费是指除海运运费外包括了在装卸拼箱货物两端所有的操作费用，即除了拼箱货物的货运站服务费外，还包括从货运站至码头堆场的搬运及堆场服务费。

（4）海运运费：它是指海上运输区段的费用，除基本运费外，集装箱货物也要加收附加费。附加费的标准根据航线、货种不同而有不同的规定，包括基本海运运费及各类海运附加费，是集装箱运费收入中最主要的部分。一般由集装箱多式联运承运人根据班轮公司运价本的规定，向托运人或收货人计收。

（5）收货地疏运费：又称集散运费或支线运输，是相对于集装箱远洋干线运输而言的，它是国际集装箱多式联运的一种运输组织方式。集疏运费包括发货地集运费和收货地疏运费。经由水路和陆路的集疏运费分别称为：

1）水路支线运费，是指将集装箱货物由收货地经水路（内河、沿海）集散港运往集装箱堆场的集装箱运费，或由集装箱堆场经水路（内河、沿海）集散港运往交货地的集装箱运费。

2）内陆运输费，是指经陆路（公路或铁路）将集装箱货物运往装船港口的运输费用或将集装箱货物经陆路（公路或铁路）运往交货地的运输费用。水路支线运费与内陆运输费也可统称为转运费。转运时水路和陆路两种以上运输方式可以并用。

2. 集装箱不同交接方式下的运费构成

集装箱多式联运货运分为整箱和拼箱两种，因此在交接方式上也有所不同，纵观当前国际上的做法，大致有以下四类：

（1）整箱交，整箱接（FCL/FCL）：货主在工厂或仓库把装满货后的整箱交给承运人，收货人在目的地同样以整箱接货，换言之，承运人以整箱为单位负责交接。货物的装箱和拆箱均由货方负责。

（2）拼箱交，拆箱接（LCL/LCL）：货主将不足整箱的小票托运货物在集装箱货运站或内陆转运站交给承运人，由承运人负责拼箱和装箱并运到目的地的货站或内陆转运站，再由承运人负责拆箱，拆箱后收货人凭单接货。货物的装箱和拆箱均由承运人负责。

（3）整箱交，拆箱接（FCL/LCL）：货主在工厂或仓库把装满货后的整箱交给承运人，在目的地的集装箱货运站或内陆转运站由承运人负责拆箱后，各收货人凭单接货。

（4）拼箱交，整箱接（LCL/FCL）：货主将不足整箱的小票托运货物在集装箱货运站或内陆转运站交给承运人，由承运人分类调整，把同一收货人的货集中拼装成整箱，运到目的地后，承运人以整箱交，收货人以整箱接。

集装箱货物的交接，根据贸易条件所规定的交接地点不同一般分为如下几种：

（1）门—门（Door to Door）：从发货人工厂或仓库至收货人工厂或仓库。

（2）门—场（Door to CY）：从发货人工厂或仓库至目的地或卸箱港的集装箱堆场。

（3）门—站（Door to CFS）：从发货人工厂或仓库至目的地或卸箱港的集装箱货运站。

(4) 场—门（CY to Door）：从起运地或装箱港的集装箱堆场至收货人工厂或仓库。

(5) 场—场（CY to CY）：从起运地或装箱港的堆场至目的地或卸箱港的集装箱堆场。

(6) 场—站（CY to CFS）：从起运地或装箱港的集装箱堆场至目的地或卸箱港的集装箱货运站。

(7) 站—门（CFS to Door）：从起运地或装箱港的集装箱货运站至收货人工厂或仓库。

(8) 站—场（CFS to CY）：从起运地或装箱港的集装箱货运站至目的地或卸箱港的集装箱堆场。

(9) 站—站（CFS to CFS）：从起运地或装箱港的集装箱货运站至目的地或卸箱港的集装箱货运站。

在国际集装箱多式联运中，不同交接方式下的运费构成也是不同的，拼箱货与整箱货的运费构成也不相同，因此可以综合用表 9-1 表示。

表 9-1　不同交接方式下的运费结构

交接方式	交接形态	发货地内陆运输费	装箱港货运站服务费	装港箱堆场服务费	海运运费	卸箱港堆场服务费	卸箱港货运站服务费	收货地疏运费
门—门（Door to Door）	FCL/FCL	√		√	√	√		√
门—场（Door to CY）	FCL/FCL	√		√	√	√		
门—站（Door to CFS）	FCL/LCL	√		√	√	√		
场—门（CY to Door）	FCL/FCL			√	√	√		√
场—场（CY to CY）	FCL/FCL			√	√	√		
场—站（CY to CFS）	FCL/LCL			√	√	√	√	
站—门（CFS to Door）	LCL/FCL		√	√	√	√		√
站—场（CFS to CY）	LCL/FCL		√	√	√	√		
站—站（CFS to CFS）	LCL/LCL		√	√	√	√	√	

三、国际集装箱多式联运运价的制定

作为国际集装箱多式联运经营人的两种主要类型，无船承运人和有船承运人在很多方面具有不同的特征。然而，从多式联运运价表的内容与结构来看，这两种多式联运经营人却并无大的区别。任何一个多式联运经营人，在制定多式联运运价表之前，首先必须确定出具体的经营线路，并就有关各运输区段的各单一运输方式作好安排，在此基础上，依据各单一运输方式的运输成本及其他有关运杂费，估算出各条营运线路的实际成本，从而制定出一个真正合理的多式联运运价表。

国际集装箱多式联运运价表从结构上讲，可采用以下两种形式：一种是城市间的"门—门"费率，这种费率结构可以是以整箱货或拼箱货为计费单位的货物等级费率，也可以是按 TEU 或 FEU 计费的包箱费率，这是一种真正意义上的多式联运运价。另一种形式与海运运价表相似，是"港—港"间费率加上内陆运费率。这种费率结构形式较为灵活，但从竞争的角度来看，由于这种形式将海运运价与内陆运价分开，因而于竞争不利。

由于目前国际集装箱多式联运运价的制定倾向于只限定在特定的一些运输线路上，即从海港到内陆消费中心或生产中心，因此在制定内陆运价时可以考虑在不影响整个费

率结构及其水平的情况下，采用较为优惠的内陆集装箱运输费率，对处于区位劣势的港口给予一定的补偿，从而提高这些港口的竞争力，促进这些港口腹地的国际集装箱多式联运的发展。

多式联运运价表的内陆运价部分必须包括的内容：
1）一般性条款，如关税及清关费用、货物的包装、无效运输以及更改运输线路与方向等。
2）公路、铁路及内河运输的装箱时间及延滞费。
3）额外服务及附加费的计收，如因货主原因而使用有关设备等。

根据国际集装箱运输市场运价的变化及时调整费率水平，确保国际集装箱多式联运运价始终处于一种最新的状态，是多式联运经营人的一项十分重要的任务。通常，内陆运费率及有关费用的变化，相比海上运费率要频繁得多。因此，当内陆运费率及有关费用发生变化时，多式联运运价必须尽快作出相应的变化。如果内陆运输成本上升而多式联运运价仍保持在原有的水平，多式联运经营人的盈利就会减少。相反，如果内陆运输费用降低，而多式联运运价不相应降低，多式联运经营人的竞争优势就会受影响。

为充分发挥国际集装箱多式联运的优越性，国际多式联运运价应该比分段运输的运价对货主更具吸引力，而绝对不能是各单一运输方式运费率的简单相加，因为这将使得多式联运经营人毫无竞争力可言。众所周知，运输时间和运输成本是与多式联运经营人竞争力密切相关的两个因素。对于组织水平和管理水平较高的多式联运经营人来说，运输时间是比较容易控制的，而重要的是如何降低运输成本。目前，多式联运经营人主要是无船承运人大多采用所谓的"集并运输"方式来减少运输成本。集并运输有时也称为"组装化运输"，它是指作为货运代理人的无船承运人将起运地几个发货人运往同一目的地的几个收货人的小批量、不足一箱的货物汇集起来，拼装成整箱货托运。货物运往目的地后，由当地集并运输代理人将它们分别交付各个收货人。其主要目的是从海上承运人较低的整箱货运费率中获益，从而降低海上运输成本。多式联运经营人降低海上运输成本的另一个途径是采用前述的运量折扣费率（Time-Volume Rates）形式，通过与海上承运人签订 TVC 合同，获取较低的海运运费率。

除海上运输外，国际集装箱多式联运经营人也可采用类似的方法来降低内陆运输（包括航空运输）成本，如采用运量折扣费率。此外，还可以通过加强与公路、铁路等内陆运输承运人之间的相互合作，获得较低的优惠费率。实际上，这种有效的合作对双方都是有利的。对于公路或铁路运输承运人来说，由于采用集装箱运输，车辆在一定时期内完成的周转次数比散件运输要多得多，或者说，运输同样数量的货物，采用集装箱运输所需的车辆数量要少得多，因而可以减少公路或铁路运输承运人的资本成本。

四、国际集装箱多式联运的计费方式

国际集装箱多式联运全程运费是由多式联运经营人向货主一次计收的。目前，多式联运

运费的计收方式主要有单一运费制和分段运费制两种。

1. 按单一运费制计算运费

单一运费制是指集装箱从托运到交付，所有运输区段均按照一个相同的运费率计算全程运费。在西伯利亚大陆桥运输中采用的就是这种计费方式。前苏联从1986年起修订了原来的七级费率，采用了不分货种的以箱为计费单位的均一包箱费率（FAK Freight for All Kinds Rates 的简称）统一费率。

2. 按分段运费制计算运费

分段运费制是按照组成多式联运的各运输区段，分别计算海运、陆运（铁路、公路）、空运及港站等各项费用，然后合计为多式联运的全程运费，由多式联运经营人向货主一次计收，各运输区段的费用再由多式联运经营人与各区段的实际承运人分别结算。目前大部分多式联运的全程运费均采用这种计费方式，例如，欧洲到澳大利亚的国际集装箱多式联运，日本到欧洲内陆或北美内陆的国际集装箱多式联运等。

教师演示

第一步：准备资料，讲授包箱费率及常见的包箱费率的表现形式。

第二步：举例说明包箱费率的表现形式：

（1）FAK包箱率：对每一集装箱不细分箱内货类，不计货量（在重要限额之内）统一收取与运价。

（2）FCS包箱率：按照不同货物等级制定的包箱费率，集装箱普通货物的等级划分与杂货运输分法一样，一般仍是1～20级，但是集装箱货物的费率级差大大小于杂货费率级差，一般低级的集装箱收费高于传统运输，高价货集装箱低于传统运输，同一等级的货物，重货集装箱运价高于轻泡货运价。

（3）FCB包箱率：它是按照不同货物等级或货类以及计算标准制定的费率。

第三步：准备案例，让学生能够结合实践学会分析国际集装箱多式联运运费的构成。

学生动手

第一步：上网查阅中国运费网（http://www.cgfreight.cn），通过运费查询栏目了解有关运费结构等相关信息。

第二步：查阅资料，拓展知识。了解《国际集装箱多式联运管理办法》中关于"运输费用"的管理内容。

国际集装箱多式联运管理办法

第四章　运输费用

第十一条：多式联运的集装箱，托运人应向经营人付清全程运输费用，其中包括国外内

陆段运费、海运段运费和国内内陆段运费及经营人费用。各区段费用由经营人与各实际承运人进行结算。一切同货物有关的捐、税或其他费用应由托运人或收货人支付。

第十二条：国外内陆段运价，参照国外集装箱内陆集疏运的有关规定办理。海运段运价，由船舶公司根据国际运输市场的行情，按照国家现行有关规定办理。经营人费用按照现行有关规定自定。国内内陆段运价按现行规定的运价执行，采用基本包干费加代征代收费和附加费的形式，具体计费按《国际集装箱多式联运国内段费收办法》办理。

第十三条：经营人承办多式联运业务时，对国内段运费收取外汇的，应按比例向实际承运人划拨外汇额度。

第三步：积极参与讨论，能够熟练分析国际集装箱多式联运运费的基本结构。

举一反三

1. 简述国际集装箱多式联运运费的基本结构。
2. 简述国际集装箱多式联运运价的特点。

学习评价

被考评人					
考评地点					
考评内容	对国际集装箱多式联运运费的基本结构的掌握				
考评标准	内　　容	分值/分	自我评价/分	小组评议/分	实际得分/分
	理论的掌握程度	40			
	获取信息的相关性和准确性	30			
	分析问题的能力	20			
	交流时发言的情况	10			
	合　　计	100			

注：1. 实际得分=自我评价 40%+小组评议 60%。
　　2. 考评满分为 100 分，60～74 分为及格；75～84 分为良好；85 分以上为优秀（包括 85 分）。

任务二

掌握海运运价

任务描述

一般来说，海运运价的确定和变动取决于运输服务的供需关系。从理论上讲，运价最高不能超过货物对运费的负担能力，最低不能低于运输成本。但由于航运市场中海运需求弹性的作用，有时也会暂时出现运价低于运输成本的情况。

任务目标
1. 学会集装箱海运运费计费标准和方法。
2. 学会集装箱海运附加费的计算方法。

情景导入

2010年海运运价的表现类似于2005年的胶着情形，金融危机前航运业在乐观情绪的鼓舞下制造了大量新船订单，这些订单会在2010年、2011年集中交付。以集装箱为例，目前全球闲置运力比例超过10%，但集装箱船东始终未能遏止全球船队运力猛增，大批新船仍将陆续交付的现象，这使得前期集装箱运价的反弹实际上极为脆弱，2010年3月下旬随着集装箱运力的试探性释放引发运价迅速下跌就是最好的证明。因此，在大量干散货、海运集装箱运力订单仍需时间消化的背景下，我们对海运市场的运价计费标准和计收有必要进行认真思考。

知识储备

一、集装箱海运运费计费标准

1. 海运运费的计费标准

基本运费是班轮运费的主要部分，它是根据班轮公司的运价本计算的。运价本的结构包括条件与规定、商品分类和等级费率三个部分，按运价制定形式不同，运价本可分为等级费率本和列名费率本。其中，等级共分20级，1级为低价货，费率最低，20级为高档货物，费率最高。根据不同商品，班轮运费计收标准通常分为下列几种：

1）按货物实际重量计收运费，称为重量吨，运价表内用"W"表示。

2）按货物的体积或容积计收，称为尺码吨，运价表中用"M"表示。

3）按重量或体积从高计收，即由班轮公司选择其中收费较高的一种作为计费标准，运价表中用"W/M"表示。

4）按货物FOB（Free On Board的简称，即船上交货）价收取一定百分比作为运费计收，称为从价运费，运价表内用"A.V."或"Ad.Vat."（拉丁文Ad Valorem，意为"从价"）表示。

5）按货物的重量、体积或其FOB价收取一定百分比计收，即在重量吨、尺码吨和从价运费中选择最高的一种标准计收，在运价表内用"W/M"或"A.V."表示。

6）按货物的重量或体积，再加上从价运费计算，即先按货物重量吨或尺码吨中较高者计算，然后加收一定比例的从价运费，在运价表中用"W/M plus Ad.Val."表示。

7）按照货物的个数或件数计收，如卡车按辆计收，活牲畜按头计收。

8）由货主和船舶公司议定，又称议定运价。这种方法通常在承运粮食、矿石、煤炭等农副产品和矿产品时选用。议定运价一般较低，在运价表中用"Open"表示。

2. 集装箱运价的按箱计费

大多数国家对整箱货运输都是按箱计费的。在拼箱运输中，各国和地区采用的运价有所区别，有的采用传统件杂货运价加上附加费形式，有的采用以货物重量或体积为计费标准（W/M）的运价。拼箱货运价一般都包含货物的装、拆箱及集装箱货运站费用。

在世界上大多数班轮公司集装箱的海运运价中，整箱货一般采用包箱费率（Box Rates），这种包箱费率一般包括集装箱海上运输费与在装、卸船港的码头装卸费用。

集装箱港口装卸费一般也是以箱为单位计收的，大多采用包干费形式（装卸包干费与中转包干费）。另外集装箱在运输全程中，在起运地、中转地、终到地堆场存放超过规定免费堆存期时收取的滞期费一般也是按箱以天数计收的。

集装箱运输中以箱计费的特点，使集装箱运输的计费方式实现了统一化和简单化，大大方便了运输经营人和货主的运费结算。

二、集装箱基本海运运费的计算

国际集装箱海运运费的计算方法与普通班轮运费的计算方法一样，但集装箱货物既可以交集装箱货运站装箱，也可以由货主自行装箱后整箱托运，因而在运费计算方式上也有所不同。主要表现在当集装箱货物是整箱托运，并且使用的是承运人的集装箱时，集装箱海运运费计收有"最低计费吨"和"最高计费吨"的规定，此外，对于特种货物运费的计算以及附加费的计算也有规定。

1. 拼箱货运费计算

目前，各船舶公司对集装箱运输的拼箱货运费的计算，基本上是依据件杂货运费的计算标准，按公司运价本规定的（或双方议定的）"W/M"费率计算基本运费。另外，在拼箱货海运运费中还要加收与集装箱有关的费用，如拼箱服务费、支线附加费、超重或超尺度附加费等。由于拼箱货涉及不同的收货人，因而拼箱货不能接受货主提出的有关选港或变更目的港的要求，所以，在拼箱货海运运费中没有选港附加费和变更目的港附加费。

拼箱货运费计收应注意以下几个要点：

1）拼箱货运费计算是与船舶公司或其他类型承运人所承担的责任与成本费用一致的，由于拼箱货由集装箱货运站负责装、拆箱，承运人的责任从装箱开始到拆箱为止。接收货物前和交付货物后的责任不应包括在运价之内。装、拆箱的集装箱货运站应为承运人拥有或接受承运人委托办理有关业务。

2）承运人在运费中加收拼箱服务费等常规附加费后，不再加收件杂货码头收货费用。承运人运价本中规定"W/M"费率后，基本运费与拼箱服务费均按货物的重量或体积计算，并按其中高者收费。

3）拼箱货的起码运费按每份提单收取，计费时不足1t部分按1t收费。

4）在拼箱运输中，承运人一般不接受货主提出的选港和变更目的港的要求，因此没有变更目的港的附加费。

5）各公司的"W/M"费率多数采用等级费率，货物大多分为一般货物、半危险货物、危险货物、冷藏货物四类，并分别定出"W/M"费率。

6）对符合运价本中有关成组货物的规定和要求，并按拼箱货托运的成组货物，一般给予运价优惠，如托盘运输，计费时可扣除托盘本身的重量或体积。

2. 整箱货运费计算

整箱货运费计收，是采用班轮公司的运价本或船舶公司运价本。根据现行情况，整箱货海运运费计算基本有两种方法：一种是按普通杂货班轮运费计算方法，对具体的航线按货物的等级确定相应基本费率，并按规定的计费标准计算运费；另一种是按航线以每一个集装箱作为计算单位计算包箱运费，实行包箱费率。包箱费率是船舶公司根据自身情况以不同类型的集装箱为计费单位，确定整箱货的航线包干费。整箱货包箱费率通常包括集装箱海上运输费用及装卸港口码头装卸费用。

1）包箱费率可分为两类：一种是依据考虑了航线、货物等级和箱型等因素的计费标准来计收基本运费，又称货品包箱费率；另一种是不分货物种类，也不计货物数量，只按航线和箱型规定统一的集装箱基本海运费，又称均一包箱费率。前者是按货物的类别、级别和不同箱型规定的包箱费率，后者则不论货物的类别（危险品、冷藏货除外），只按箱型规定包箱费率。

海运运费计算公式为
$$F = Fb + \sum S$$

式中　F——运费；

Fb——基本运费；

S——某一项附加运费（$\sum S$：各项附加费的总和）。

2）在整箱托运集装箱货物且所使用的集装箱为船舶公司所有的情况下，托运人有按最低计费吨或最高计费吨支付海运运费的规定。

①最低计费吨运费。规定集装箱最低计费吨运费的主要目的是，如果货主自装货物的重量或尺码吨数没有达到规定的要求，船舶公司仍按该规定的最低计费吨计算运费。最低计费吨可以是重量吨或尺码吨，也可以是占集装箱容积装载能力的一个百分比，一般为集装箱箱内容积的60%。

②亏箱运费。当集装箱内所装载的货物总重或尺码没能达到规定的最低重量吨或尺码吨，而导致集装箱装载能力未被充分利用时，货主将支付亏箱运费。亏箱运费实际上就是对不足计费吨所计收的运费，即所规定的最低计费吨与实际装载货物数量之间的差额。在计算亏箱运费时，通常是以箱内所载货物中费率最高者为计算标准。比如用20ft箱装载货物，重量吨为15t，尺码吨为19m^3，而最低计费吨22.5m^3，则不足计费吨为3.5m^3。

③最高计费吨运费。最高计费吨运费仅适用于集装箱整箱运输。其含义是，如果货主自装的实际装箱货物的重量或尺码吨数超过规定计费吨，承运人仍按该箱子规定的最高计费吨收取运费，超出部分免收运费。

三、集装箱海运附加费的计算

集装箱附加费是海运运费的组成部分，无论按哪一种费率和计算标准收费，集装箱运输有时都要加收各种附加费。集装箱附加费包括以整箱货和拼箱货分别计收的附加费。

> **资料卡**
> 特殊货运费计算：一些特种箱或特殊货物，如成组货物、家具、行李及服装等，在使用集装箱进行装运时，在运费的计算上有一些特别的规定。

（1）货物附加费：某些货物，如钢管之类的超长货物、超重货物、需洗舱（箱）的液体货等，由于它们的运输难度较大或运输费用增高，因而对此类货物要增收货物附加费。当然，对于集装箱运输来讲，计收对象、方法和标准有所不同。

（2）币值附加费：币值附加费是指因某一挂靠港所在国货币币值与美元相比升值，为补偿船舶港口使用费而征收的附加费。由于日元与美元比值变化较大，船舶公司还可能单独征收日币币值附加费。

（3）燃油附加费：燃油附加费是因国际市场燃油价格上涨而征收的附加费。集装箱分别按拼箱货和整箱货不同计算标准征收。如整箱货以 20ft 或 40ft 一个箱子加收若干附加费。

（4）变更卸港附加费：变更目的港仅适用于整箱货，并按箱计收变更目的港附加费。

（5）选卸港附加费：选择卸货港或交货地点仅适用于托运整箱交付的货物，而且一张提单的货物只能选定在一个交货地点交货，并按箱收取选卸港附加费。选港货应在订舱时提出，经承运人同意后，托运人可在承运人经营范围内直航的或经转运的三个交货地点内选择指定卸货港，其选卸范围必须按照船舶挂靠顺序排列。此外，提单持有人还必须在船舶抵达选卸范围内第一个卸货港的 96h 前向船舶代理人宣布交货地点，否则船长有权在第一个或任何一个选卸港将选港货卸下，即认为承运人已终止其责任。

（6）直航附加费：当运往非基本港的货物达到一定的货量时，船舶公司安排直航该港而不转船所加收的附加费。

（7）绕航附加费：由于正常航道受阻不能通行，船舶必须绕道才能将货物运至目的港时，船方所加收的附加费。

（8）港口拥挤附加费：在集装箱运输中主要是指因港口拥挤或集装箱进出不平衡，而导致船舶长时间等泊或集装箱在港积压而增收的附加费。

（9）旺季附加费：大多数航线在运输旺季时可能临时使用，船舶公司因舱位不足所征收的一种附加费。

（10）空箱调运费：空箱调运费是集装箱海运成本中一项可大可小又很难避免的成本，由于它是间接的开支，故不太受人注意。

（11）港口附加费：某些港口（包括基本港和非基本港）的情况比较复杂（如船舶进出需要通过闸门），装卸效率低或者港口费收较高，在这种情况下，都会增加承运人的运输经营成本，它是承运人为弥补这方面的损失所增收的附加费。

（12）转船附加费：凡运入非基本港的货物当需转船运往目的港时，船方收取的附加费，其中包括转船费和二程运费。

教师演示

第一步：讲解。

海运基本运费计算步骤：

1) 选择相关的运价本。

2) 根据货物名称，在货物分级表中查到运费计算标准（Basis）和等级（Class）。

3) 在等级费率表的基本费率部分，找到相应的航线、起运港、目的港，按等级查到基本运价。

4) 从附加费部分查出所有应收（付）的附加费项目、数额（或百分比）及货币种类。

5) 根据基本运价和附加费算出实际运价。

6) 运费=运价×运费吨。

第二步：举例。

我公司出口到某国家商品1 000箱，每箱体积为40cm×30cm×20cm，毛重为30kg。经查，该商品计费标准为"W/M"，等级为10级，每吨运费率为200港币。另外得知该国要加收港口附加费20%，问：我公司应付给轮船公司多少运费？

第三步：分析。

1) 从题得知，该商品的每箱体积为40cm×30cm×20cm，毛重为30kg，该商品计费标准为"W/M"。

2) 从题得知，该商品每吨运费率为200港币。

3) 从题得知，港口附加费为20%。

第四步：解题。

$$商品总体积=（0.4×0.3×0.2）×1 000=24（m^3）$$

因为该商品计费标准为"W/M"，且 总重量>总体积。

所以运费吨以W为标准，即30t。

海运运费=基本运费+港口附加费

基本运费=运价×运费吨=200×30=6 000（港币）

港口附加费=6 000×20%=1 200（港币）

海运运费=6 000+1 200=7 200（港币）

 **学生动手**

第一步：上网查询环球运费网（http://www.100allin.com）的海运业务服务信息及最新运价标准。

第二步：熟练解决工作中的具体问题，如海运基本运费的计算。

第三步：总结本节所涉及的集装箱基本海运运费和集装箱海运附加费的计算方法，做到能够举一反三。

 举一反三

上网查询锦程国际物流集团（http://www.95105556.com）的海运业务服务信息及最新运价标准。

 学习评价

被 考 评 人				
考 评 地 点				
考 评 内 容	对集装箱海运费计费方法的掌握			
考评标准	内　　容	分值/分	自我评价/分	小组评议/分	实际得分/分
	理论掌握的程度	50			
	解决问题的能力	30			
	举一反三的能力	20			
	合　　计	100			

注：1. 实际得分=自我评价40%+小组评议60%。
　　2. 考评满分为100分，60～74分为及格；75～84分为良好；85分以上为优秀（包括85分）。

任务三　掌握集装箱内陆运价

 任务描述

随着集装箱运输的逐步发展和成熟，与之相适应的、有别于传统运输方式的管理方法和工作机构也相应地发展起来，形成一套适应集装箱运输特点的运费计收体系。集装箱内陆运价的计算主要包括公路集装箱运费计算、铁路集装箱运费计算和航空集装箱运费计算。

 任务目标

1. 了解公路运输计价标准与运价价目。
2. 掌握铁路集装箱货物运输费用的计算方法。
3. 了解国际航空集装箱货物运费的常规运价计费法。

 情景导入

铁路运输市场分析专家认为，如果将北美国际多式联运铁路网络站点及其设施建立在最方便托运人和货主的地段，预计到 2030 年北美铁路基础设施投资开发总额将增加到 1480 亿美元，列车平均时速将提高到 241.4 公里（150 英里），再加上最大化降低火车和汽车交叉装卸货物的操作成本，适当降低 1 126.5～1 609.3 公里（700～1 000 英里）铁路运输零担货运价格，进一步发挥铁路的价格优势，吸引更多的公路集装箱货运量转到铁路，同时不断提高地区性多式联运服务质量，如加强铁路运输公司与公路运输行业之间的相互配合，并实现北美大陆东海岸、西海岸和南部墨西哥海岸港口之间铁路网络的连通，北美国际多式联运市场经济效益必将持续扩大。

知识储备

一、公路集装箱运费计算

1. 公路运输计价标准

公路货物运输计费分为整批货、零担货和集装箱货。整批货以 t 为单位计算运费，零担货以 kg 为单位计算运费，集装箱货以箱为单位计算运费。整批货运输以元/（吨·千米）为计价单位，零担货运输以元/（千克·千米）为计价单位，集装箱运输以元/（箱·千米）为计价单位。

2. 公路运输运价价目

集装箱货物公路运输运费由基本运价、箱次费和其他收费构成。其计算公式为

重箱运费=重箱运价×计费箱数×计费里程+箱次费×计费箱数+货物运输其他费用

空箱运费=空箱运价×计费箱数×计费里程+箱次费×计费箱数+货物运输其他费用

（1）基本运价：集装箱基本运价是指各类标准集装箱重箱在等级公路上运输的每箱·千米运价；整批货物基本运价是指一整批普通货物在等级公路上运输的每吨·千米运价；零担货物基本运价是指零担普通货物在等级公路上运输的每千克·千米运价。

1）标准集装箱运价。标准集装箱重箱运价按照不同规格的箱型的基本运价执行；标准集装箱空箱运价在标准集装箱重箱运价的基础上减成计算。

2）非标准箱运价。非标准箱重箱运价按照不同规格的箱型，在标准集装箱基本运价的基础上加成计算；非标准集装箱空箱运价在非标准集装箱重箱运价的基础上减成计算。

3）特种箱运价。特种箱运价在箱型基本运价的基础上按装载不同特种货物的加成幅度加成计算。

（2）箱次费：按不同箱型分别确定。

（3）其他收费：根据集装箱货物运输的具体情况，承运人可征收相应的费用，如调车费、延滞费、装箱落空损失费、道路阻塞停车费、车辆通行费、车辆处置费和运输变更手续费等。

二、铁路集装箱运费计算

《中华人民共和国铁路法》中规定：国家铁路的货物运价率，由国务院铁路主管部门会同物价主管部门拟定，报国务院批准；货物运输杂费的收费项目和收费标准由国务院铁路主管部门规定。

铁路集装箱货物运输费用的计算方法有两种：一种是常规计算法，由运费、杂费、装卸作业费和铁道部规定的其他费用组成；另一种是为适应集装箱需要而制定的集装箱一口价计算方法。

1. 常规计算法

（1）集装箱运费：集装箱运费计算以箱为单位，由发到基价和运行基价两部分组成，其计算公式为

集装箱每箱运价=发到基价+运行基价率×运价里程

计算步骤：集装箱分箱型按《铁路货物运价率表》确定适用的发到基价和运行基价率，按《货物运价里程表》确定发站至到站的运价里程，根据上述公式计算出每箱运价。

铁路货物运价率见表 9-2。

表 9-2 铁路货物运价率表

办理类别	运价号	基价1		基价2	
		单位	标准	单位	标准
整车	1	元/吨	6.20	元/(吨·公里)	0.0360
	2	元/吨	6.80	元/(吨·公里)	0.0432
	3	元/吨	8.50	元/(吨·公里)	0.0484
	4	元/吨	10.50	元/(吨·公里)	0.0537
	5	元/吨	11.40	元/(吨·公里)	0.0612
	6	元/吨	16.80	元/(吨·公里)	0.0845
	7				0.2795
	机械冷藏车	元/吨	12.50	元/(吨·公里)	0.0850
零担	21	元/10千克	0.122	元/(10千克·公里)	0.00060
	22	元/10千克	0.171	元/(10千克·公里)	0.00087
集装箱	1吨箱	元/箱	10.70	元/(箱·公里)	0.0414
	20英尺箱	元/箱	249.20	元/(箱·公里)	1.1730
	40英尺箱	元/箱	436.30	元/(箱·公里)	1.8346

注：1. 整车货物每吨运价=基价1+基价2×运价公里

2. 零担货物每10千克运价=基价1+基价2×运价公里

3. 集装箱货物每箱运价=基价1+基价2×运价公里

（2）铁路集装箱货物装卸作业费用：根据铁道部规定，铁路集装箱货物的装卸作业，实行综合作业费率计费的办法。

（3）集装箱货物运杂费：铁路集装箱运输收取的杂费主要包括以下项目：过秤费、取送车费、铁路集装箱使用费和延期使用费、自备集装箱管理费、地方铁路集装箱使用费、铁路集装箱清扫费、货物暂存费、集装箱拼箱费、变更手续费、运杂费迟交金、铁路电气化附加费、新路新价均摊运费等。

（4）其他费用：根据货物运输的具体情况，铁路部门还可能向托运人或收货人征收其他费用，如铁路电气化附加费、铁路建设基金等。

2. 集装箱运输一口价

铁路集装箱运输一口价（即集装箱货物运费）是指集装箱自进发站货场至出到站货场，铁路运输全过程中各项价格的总和，是铁道部为增加铁路运输价格透明度，规范收费行为，满足货主需要，开拓铁路集装箱运输市场而制定的一种新的运输费用征收办法，并出台了相应的《集装箱运输一口价实施办法》。

（1）集装箱运输一口价的组成：集装箱运输一口价由发送运输费用、发站其他费用和到站其他费用三部分组成。

1）发送运输费用：在零担运费中出现的费用除押运人乘车费、过秤费、保价费外全部包含在发送运输费用中，发送运输费用是这些费用之和。

2）发站其他费用（即发站合计）：集装箱装卸综合作业费、运单表格费、货签表格费、施封材料费、组织服务费。

3）到站其他费用（即到站合计）：集装箱装卸综合作业费、铁路集装箱清扫费、护路联防费、地方铁路的到达运费、自备集装箱管理费、合资铁路或地方铁路的到达运费、自备集装箱管理费、合资铁路或地方铁路的集装箱使用费等，依实际情况而定。

（2）集装箱运输一口价包含的费用：除前面所介绍的铁路基本运价、装卸作业费、杂费和建设基金、电气化附加费等符合国家规定的运价和收费外，还包括了"门—门"运输取空箱、还空箱的站内装卸作业、专用线取送车作业、港站作业的费用和经铁道部确认的转场货场费用等。

（3）不适用一口价运输的铁路集装箱货物：

1）使用集装箱国际铁路联运。

2）集装箱危险品运输（可按普通货物运输的除外）。

3）冷藏、罐式、板架等专用集装箱运输。

> **资料卡**
>
> 集装箱运输一口价不包括下列费用：
> 1）要求保价运输的保价费用。
> 2）快运费。
> 3）委托铁路装掏箱的装掏箱综合作业费。
> 4）专用线装卸作业的费用。
> 5）集装箱在到站超过免费暂存期产生的费用。
> 6）由于托运人或收货人的责任而发生的费用。

三、航空集装箱运费计算

目前，国际航空集装箱货物运费的计算方法主要是常规运价计费法。

1. 常规运价计算法

常规运价计算法，即采用普通航空货物运费的计算方法，首先，对两个城市机场间的航线制定出经营航班的运价，然后航空公司根据货物的重量或体积计算出应收的运费。此种运价需要提交国际航空协会和有关政府，通过协议和政府批准后才生效。

按照常规方法计算航空集装箱货物运费时要确定三个因素，即货物计费重量、运价种类和货物的声明价值。

各种不同的航空运价和费用的共同点：
1）运价是指从一机场到另一机场，而且只适用于单一方向。
2）不包括其他额外费用，如提货、报关、接交和仓储费用等。
3）运价通常使用当地货币公布。
4）运价一般以千克或磅为计算单位。
5）航空运单中的运价是按出具运单之日所适用的运价。

2．新型运价计算法

这是为了适应航空集装箱运输的快速发展而使用的一种运价计算法，它不区分货物的种类、等级，只要将货物装在集装箱或成组器中运输，就可以将装在飞机货舱里的集装箱或成组器作为计价单位来计算运费，即成组货物运价，它适用于托盘或集装箱货物。

 教师演示

第一步：准备资料《集装箱运输一口价实施办法》。
第二步：讲解《集装箱运输一口价实施办法》实施细则。
第三步：侧重讲解实施过程中的注意事项。
1）实行一口价运输的集装箱，不办理在货运中途站或到站提出的运输变更。
2）集装箱运输一口价由铁路发站使用货票向托运人一次收取，货票记事栏内注明一口价；对托运人和收货人，一口价内所有费用不再另开其他收费票证。
3）使用计算机制票的车站，货票费别栏填写"集装箱运费"，集装箱一口价内的各项费用不再分列。
4）尚未使用计算机制票的车站，集装箱一口价内属运输收入的款项、铁路建设基金、铁道部规定核收的代收款应分行填列，一口价内上述以外费用按发站、到站汇总填列在"发站其他费用"和"到站费用"内。

 **学生动手**

第一步：了解铁路集装箱运费计收的注意事项。如集装箱货物的运费按照使用的箱数和《铁路货物运价率表》中规定的集装箱运价率计算，但若是危险货物集装箱、罐式集装箱、其他铁路专用集装箱，则按《铁路货物运价率表》的规定应如何计收，集装箱货物超过集装箱标记总重量时应如何计收等。

第二步：认真听取老师的讲解。

第三步:学会计算铁路、公路、航空集装箱货物运费的方法。

举一反三

阅读资料进行思考。

我国的国际铁路运输

国际铁路联运的发货人在始发站办理托运,使用一份铁路运单,铁路方面根据运单将货物运往终点站交给收货人。在由一国铁路向另一国铁路移交货物时,不需要收货人、发货人参与,亚欧各国按国际条约承担国际铁路联运的义务。

我国通往欧洲的国际铁路联运线有两条:一条是利用西伯利亚大陆桥贯通中东、欧洲各国;另一条是由江苏连云港经新疆与哈萨克斯坦铁路连接,贯通俄罗斯、波兰、德国至荷兰的鹿特丹。后者称为新亚欧大陆桥,运程比海运缩短 9 000 公里,比经由西伯利亚大陆桥缩短 3 000 公里,进一步推动了我国与欧亚各国的经贸往来,也促进了我国沿线地区的经济发展。

学习评价

被 考 评 人					
考 评 地 点					
考 评 内 容	对集装箱内陆运价的掌握				
考 评 标 准	内　　容	分值/分	自我评价/分	小组评议/分	实际得分/分
	基础知识的掌握程度	40			
	获取信息的准确度	40			
	获取信息量的大小	10			
	灵活运用能力	10			
	合　　计	100			

注:1. 实际得分=自我评价40%+小组评议60%。

　　2. 考评满分为 100 分,60~74 分为及格;75~84 分为良好;85 分以上为优秀(包括 85 分)。

第十单元　国际集装箱多式联运货损事故处理与保险

任务一　　掌握索赔与保险理赔的原则

任务描述

货物的索赔和理赔是一项政策性较强、涉及面较广、情况复杂，并具有一定法律原则的涉外工作。因此，在实际工作中，应坚持实事求是、有根有据、合情合理、区别对待、讲究实效的原则。

任务目标

1．明确索赔应具备的条件及被保险人应做的主要工作。
2．掌握保险合同下的保险索赔原则。
3．掌握索赔应具备的各种单证的准备工作。
4．了解在保险端处理中审核索赔方提出的索赔内容。

情景导入

2009年5月，发货人中国润风进出口公司委托嘉禾对外贸易运输公司将750箱海产品从上海港出口运往印度，嘉禾对外贸易运输公司又委托其下属第五分公司代理出口。第五分公司接受委托后，向中原远洋运输公司申请舱位，中原远洋运输公司指派了箱号为HTM—5005等3个满载集装箱后签发了清洁提单，同时发货人在中国人民保险公司处投保海上货物运输的战争险和一切险。货物运抵印度港口，收货人拆箱后发现部分海产品因箱内不清洁而腐烂变质，即向中国人民保险公司在印度的代理人申请查验。检验表明，250箱海产品被污染。检验货物时，船方的代表也在场。为此中国人民保险公司在印度的代理人赔付了收货人的损失之后，中国人民保险公司向人民法院提起诉讼。试想中原远洋运输公司应负有什么责任？它是否应对损失负责？

第十单元　国际集装箱多式联运货损事故处理与保险

知识储备

一、索赔的原则

实事求是，就是应根据所发生事故的实际情况，分析造成事故的原因，确定损失程度和金额。对应该索赔的情况，必须坚持原则，行使索赔权利。

有根有据，是处理货物索赔的基础，在向承运人或其他有关当事人提出索赔时，要进行深入细致的调查研究，应掌握造成货损事故的有力证据，并依据合同有关条款、国际惯例提出索赔。

合情合理，是在处理复杂事故时，应从所发生的事故中合理确定责任方应承担的责任和赔偿金额，必要时也可作出一些合理的让步，以便能使货损事故合理地、尽早地得以处理。

> **小知识**
>
> 国际贸易运输中提出货物索赔的几种情况：
> 1）货物数量或件数的缺少或货物残损、灭失。
> 2）货物的质变或货物实际状况与合同规定的要求不符。
> 3）承运人在货物运输途中没有适当地保管和照料货物。
> 4）货物的灭失、损害属保险人承保的责任范围内等。

区别对待，就是应根据我国的对外政策、对方的态度和有关业务往来，根据不同对象，有理、有利、有节，即对不同对象采用不同方式区别对待，处理索赔。

讲究实效，是在货损事故索赔中注重实际效果，充分注意保护自身的经济利益、政治利益，既要考虑当前利益，也要考虑长远利益，力求做到既挽回或减少经济损失，又有利于对外影响和业务发展。

1. 向发货人（卖方）提出索赔

如果货物是由于下列原因造成灭失或损坏：
1）原装货物数量不足。
2）货物的品质与合同规定不符。
3）包装不牢致使货物受损。
4）未在合同规定的装运期内交货或装箱不当（发货人装箱）而致使货物受损。
5）唛头不清。

收货人凭有关部门和机构出具的鉴定证书向发货人（卖方）提出索赔。

2. 向承运人提出索赔

如果货物是由于下列原因造成灭失或损坏：
1）在卸货港交付的货物数量少于提单中所记载的货物数量。
2）收货人持有正本清洁提单提取货物时，货物发生残损、缺少，且系承运人的过失。
3）货物的灭失或损害是由于承运人免责范围以外的责任所致等。

上述情况则由收货人或其他有权提出索赔的人凭有关部门和机构出具的鉴定证书向承运人提出索赔。

3. 向保险公司提出索赔

如果货物的灭失或损害属于下列范围：

1）承保责任范围内，并在保险人责任期限内，保险人应予赔偿的损失。

2）承保责任范围内，由于自然灾害或意外原因等事故使货物遭受损害。

上述情况则由受损方凭有关证书和文件向保险公司提出索赔。

二、索赔应具备的条件

1. 提赔人要有正当提赔权

提出货物索赔的人原则上是货物所有人，或记名运输单据上记载的收货人，或合法的多式联运单据持有人，或使用可转让单据背书上指定的收货人，也可以是他们委托的代理人。在所运输的货物向保险公司投保的情况下，当保险公司向损失方按保险合同赔偿损失、取得权益转让证书后，也具有提赔权。

2. 责任方必须负有实际赔偿责任

事实上，索赔方提出索赔并非都能得到赔偿，如属于承运人免责范围之内的，或属保险人承保责任外的货损，在很大程度上是不能得到赔偿的。

3. 索赔时应具备的单证

（1）索赔申请书：索赔申请书系表明受损方向责任方提出赔偿要求的正式文件。

（2）运输合同以及证明运输合同的有关单据：这些是划分责任方与受损方责任的主要依据。索赔人在提出索赔时，索赔人应出具合同以及证明合同的有关单据或其影印本，若合同双方另有约定，还应出具与货损有关的协议文件。

（3）货物残损检验证书：该证书是受损方针对所发生的货损原因不明或不易区别，或货损数量、程度不易确定，或需权威机构提供货损情况证明时，向检验机构申请对货物进行检验后出具的单证。

（4）货物残损单：货物残损单是指对货物运输、装卸过程中货物残损所作的实际记录，受损方依据经责任方签署的货物残损单提出索赔。

（5）索赔清单：索赔清单主要列明货损事故所涉及的损坏、灭失和延迟损失的货物名称、规格、损坏程度、数量以及货损的金额等内容的一览表，货损的金额通常按货物的到岸价计算。

另外，提出索赔时应出具的单证还有商业发票、短损单、修理单等，集装箱运输还应出

资料卡

确定或证明责任方负有实际赔偿责任的文件通常包括：①装卸货记录。②货物检验报告。③交货记录。④残损记录。⑤合同责任条款等。

索赔申请书主要包括的内容：

1）索赔人的名称和地址。

2）运输工具的名称、班次、装货地、卸货地，以及货物的交接地点和时间等。

3）短缺、残损或灭失情况。

4）索赔日期、索赔金额、索赔理由。

5）在集装箱运输中，还包括集装箱的规格、班次、装载情况以及运输单据号。

6）货物有关情况。

具装箱单和拆箱单等。

4. 赔偿的金额必须是合理的

合理的赔偿金额是以货损实际程度为基础的。但是在实际中，责任方往往受赔偿责任限额的保护，如海运承运人的赔偿可享受提单中的赔偿责任限额，保险人的赔偿以保险金额为基础。

5. 在规定的期限内提出索赔

一项有效的索赔必须在规定的期限内提出，这就是通常所说的"索赔时效"，否则，货物的损害即使确由责任方的过失所致，索赔人提出的索赔在时效过后也很难得到赔偿。

三、保险理赔

1. 保险合同下的保险索赔

（1）保单的主要内容：保险人与被保险人之间的保险合同形式习惯上是以保单来体现的。保单具有法律效力，对双方当事人都有约束。一份有效的保单必须载明这样一些基本内容：①当事人的名称和地址。②保险标的。③保险风险和事故的种类。④保险金额。⑤保险费。⑥保险责任开始的日期、时间和保险期限。⑦订立合同的日期。除上述事项外，其他事项可由保险人和被保险人协商后加注在保险单上。

（2）被保险人应做的工作：在海运进出口贸易中，如果货物的灭失或损害系发生在保单规定的责任范围内，被保险人可向保险人提出补偿要求。被保险人提出保险索赔的工作程序，如图10-1所示。

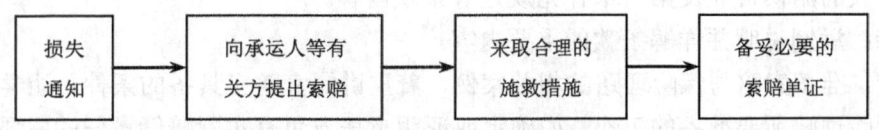

图10-1 被保险人提出保险索赔的工作程序

总之，在保险端处理中，审核索赔方提出的索赔内容是一项很仔细且重要的工作，归纳起来，主要审核如下内容：

1）索赔单证、证书等是否齐全。

2）单证上的内容记载是否相符。

3）货损是否发生在承保责任范围内。

4）提单上有无批注。

5）有无海事声明、海事报告、检验报告、残损单等。

2. 保险损害赔偿原则的确定

保险合同是保险人对承保责任范围内的保险标的在发生损害时负责赔偿的合同。根据保险合同确定损害赔偿的基本原则如下：

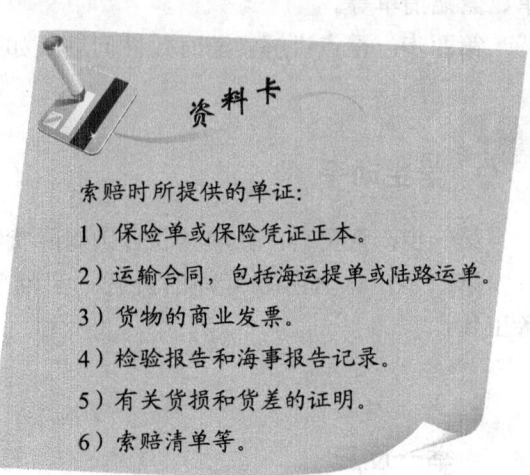

资料卡

索赔时所提供的单证：
1）保险单或保险凭证正本。
2）运输合同，包括海运提单或陆路运单。
3）货物的商业发票。
4）检验报告和海事报告记录。
5）有关货损和货差的证明。
6）索赔清单等。

1）被保险人对保险标的必须具有保险权益，否则不能依据保险合同提出赔偿。

2）保险合同内的标的必须具有损害发生的事实，而且所发生的损害与运输风险有关。

3）赔偿不是归还保险标的，而是在经济上给予补偿。

4）同一标的不能向两家以上不同的保险公司投保，否则属重复保险，保单无效。如果投保人在不了解具体做法的情况下，同时在两家以上保险公司投保，则应在从其中一家得到赔偿后作出声明，否则会构成欺骗行为。

在保险理赔中，很多货损事故索赔均涉及第三者的责任，此种索赔应遵循以下几个原则：

1）凡属发货人的过失所致，如货物残损、数量短缺、包装不牢等，则由收货人直接申请检验出证，并及时将商检证书和有关单证备妥，在规定的期限内向发货人提出索赔。

2）如货物的损害是由于承运人过失所致，收货人根据承运人的签证，申请检验出证，连同有关货运单证交卸货口岸的保险公司或船公司代理。

3）涉及国内装卸和运输部门责任的货损事故，收货人应立即向有关责任方取得货运记录，直接向其提出索赔，或向保险人提出索赔。

4）因在国内负责中转由于运输安排过失造成的货损货差事故，收货人应向责任方提出索赔，保险人不负责任。

教师演示

第一步：准备《联合国国际货物多式联运公约》的第三章多式联运经营人的赔偿责任、第四章发货人的赔偿责任及第六章补充规定等条款内容。

第二步：举例说明并详解条款的重要内容。

第三步：准备索赔与保险理赔的相关案例，着重讲解索赔应具备的条件，让学生掌握处理索赔与保险理赔所要准备的工作，如确定或证明责任方负有实际赔偿责任的主要文件、索赔时应具备的单证、运输合同以及证明运输合同的有关单据、货物残损检验证书、货物残损单、索赔清单等。

第四步：重点讲解索赔时效性问题及如何确定合理的赔偿金额。

学生动手

第一步：查资料，获取《联合国国际货物多式联运公约》等相关资料。

第二步：认真听取老师的讲解，灵活掌握所学知识，学会做好索赔与保险理赔的准备工作。

举一反三

试分析情景导入中的案例。

学习评价

被 考 评 人					
考 评 地 点					
考 评 内 容	对索赔与保险理赔原则的掌握				
考 评 标 准	内　　容	分值/分	自我评价/分	小组评议/分	实际得分/分
	获取资料信息量	40			
	相关性和准确性	30			
	分析问题的能力	20			
	交流时的发言情况	10			
	合　　计	100			

注：1. 实际得分＝自我评价 40%＋小组评议 60%。

2. 考评满分为 100 分，60～74 分为及格；75～84 分为良好；85 分以上为优秀（包括 85 分）。

任务二　　了解货损事故处理

任务描述

货损事故处理是一项政策性强、涉及面广的重要工作，直接影响到国家的信誉和企业的利益。根据国家的有关政策，按照运输合同，参照国际惯例，认真做好调查研究，正确对待和处理索赔和理赔，具有重大意义。

任务目标

1. 学会海运货损事故的确定和索赔的受理与审核。
2. 了解海运中使用的主要货损索赔单证。
3. 学会国内水运货损事故记录编制与货损事故的处理。
4. 掌握铁路货物货损事故记录的编制及索赔时效。
5. 明确公路货损事故责任的确定与货损事故的赔偿。

情景导入

2008 年 2 月 18 日，深圳市吉祥货运部与刘力订立货物运输合同一份，由刘力承运该货运部的货物，由深圳运至郑州。2 月 20 日午夜零时，刘力的货车运输货物到湖北省境内时，与一辆轿车发生交通事故，致使运输货物的货车翻车，车上装载的部分货物受到损毁。事故

发生后,经交警部门现场勘察,作出交通事故责任认定,刘力的货车无违反交通法律法规的情形,不承担事故责任。后经事故发生地物价部门评估,损毁货物价值八万余元。因就赔偿问题协商未果,深圳市吉祥货运部将刘力以未履行货物合同为由告上了法庭,要求刘力赔偿损失。法院应如何处理呢?

 知识储备

一、海运货损事故处理

1. 海运货损事故的确定

一般而言,海运货损事故虽有可能发生于各个环节,但很大程度上是在最终目的地收货人收货时或收货后才被发现。当收货人提货时,如发现所提取的货物数量不足、外表状况或货物的品质与提单上记载的情况不符,则应根据提单条款的规定,将货物短缺或损坏的事实,以书面的形式通知承运人或承运人在卸港的代理人,以此表明提出索赔的要求。如果货物的短缺或残损不明显,也必须在提取货物后规定的时间内,向承运人或其代理人提出索赔通知。

在海运货损事故索赔或理赔中,提单、收货单、过驳清单、卸货报告、货物溢短单、货物残损单、装箱单、积载图等货运单证均可作为货损事故处理和明确责任方的依据,对海上承运人来说,为保护自己的利益和划清责任,应该妥善处理这些单证。

货运事故发生后,收货人与承运人之间未能通过协商对事故的性质和程度取得一致意见时,则应在共同协商的基础上,指定检验人对所有应检验的项目进行检验,检验人签发的检验报告是确定货损责任的依据。

2. 索赔单证

作为举证的手段,索赔方出具的索赔单证不仅可证明货损的原因、种类、程度,还可确定最终责任方。海运中使用的主要货损索赔单证有以下几种:

1)索赔申请书或索赔清单。
2)单证。
3)过驳清单或卸货报告。
4)货物残损单、货物溢短单、理货单、重理单。

提出索赔时使用的其他单证还有货物发票、修理单、装箱单、拆箱单等。

3. 权益转让

货物在海上运输过程中发生灭失或损害,系由承运人的过失造成时,通常由收货人向承运人提出索赔,但有时收货人根据提货单或保险合同,直接向保险人提出赔偿。当收货人从保险人那里得到赔偿后,则通过签署一份权益转让证书,将向承运人提出的索赔权利转让给保险人,保险人凭此向承运人进行索赔。

4. 担保与扣船

如货损由承运人的过失所造成,责任已明确,证据也充分,且损害金额较大,受损方除做好一般正常的索赔工作所需要的各种手续外,为保证索赔得以顺利了结,可在船舶离港前采取保全措施,要求船方提供担保。这种担保分现金担保、银行担保和担保函三种方式。现金担保由承运人或船东保赔协会汇给索赔人一定数额的现金作担保,以后的索赔款项可在保证金内支付。银行担保和担保函都是书面担保形式,前者由银行出具,后者一般由船东保赔协会出具。如受损方认为通过正常途径不能取得担保,则可采取扣船措施,即在责任方(承运人)未提供担保前,向法院或有关当局申请扣押船舶,不准船舶离港,但在采取扣船措施时必须慎重,以防因扣船措施不当而产生不良的影响及不必要的纠纷和经济损失。

5. 索赔的受理与审核

索赔的受理与审核系承运人的一项理赔工作,是海上货物运输全过程中一个很重要的组成部分。这是因为货物运输质量的好坏直接关系到理赔工作,在运输质量好的情况下,索赔案件就会减少,理赔工作也会随之而减少。

一般来说,国外提赔人往往是通过国外代理提出索赔,由运输货物的承运人受理,承运人在国外的代理无权处理,除非经承运人委托或授权。

(1) 分清责任:承运人在处理索赔时,首先应分清发生货损的原因和应承担的责任范围。当受损方向承运人提出某项具体索赔时,承运人可根据提单中有关承运人的免责条款解除责任。

(2) 审核:审核是处理货损事故时仔细且重要的工作。从事理赔工作时主要审核的内容:①索赔的提出是否在规定的期限内,如果期限已过,提赔人是否已要求展期。②提出索赔所出具的单证是否齐全。③单证之间有关内容是否相符,如船名、航次、提单号、货号、品种、检验日期等。④货损是否发生在承运人的责任期限内。⑤船方有无海事声明或海事报告。⑥船方是否已在有关单证上签字确认。⑦装卸港的理货数量是否准确。

(3) 承运人免责或减少责任应出具的主要单证:承运人对所发生的货损欲解除责任,或意图证明自己并无过失行为,则应出具有关单证对所发生的货损不承担或少承担责任。除前述的收货单、理货计数单、货物溢短单、过驳清单等货运单证外,承运人还应提供以下几种报告:①积载检验报告。②舱口检验报告。③海事声明或海事报告。④卸货事故报告。

(4) 索赔金的支付:通过举证与反举证,虽然已明确了责任,但在赔偿金额上未取得一致意见时,则应根据法院判决或决议支付一定的索赔金。关于确定损失金额的标准,《海牙议定书》并没有作出规定,但在实际业务中大多以货物的到岸价作为确定赔偿金额的标准。

二、国内水运货损事故处理

1. 货损事故记录编制

所谓"事故记录",是对货运事故发生经过或事实的记录。编制该记录时必须认真严肃,并能反映事故的真实情况,以便作为分析事故原因和确定责任的依据。由交通部统一规定的事故记录有三种,即货运记录、港航内部记录和普通记录。

(1) 货运记录:货运记录是指记载承运人和货物托运人之间责任的记录。根据有关规定,货运记录的编制,除起运港对装船前发生的并由其负责受理赔偿的部分事故可由起运港编制外,其余的货运记录均由到达港编制。

（2）港航内部记录：港航内部记录是指承运部门与各港之间的内部记录，主要记载事故的原始情况，对外不发生效力，不交给收货人。虽然港航内部记录对外不发生效力，但它却是承运人内部各环节之间判明责任和采取保证质量措施的依据，同样具有重要作用。

（3）普通记录：普通记录是指承运人向发货人或收货人提供证明的记录，不涉及承托双方之间的责任事项。

上述三种记录在不同的范围内起着不同的作用，是判明、检查与运输全过程有关的各方在履行各自权利、义务和责任方面的重要书面依据。因此，对记录内容的填写力求准确和真实，并应该按照统一规定的格式作具体、详细的记录。

资料卡

遇有下列情况发生时，应编制普通记录：
1）货物发生损坏、灭失，按照约定或按《国内水路货物运输规则》第四十八条的规定，承运人可以免除责任的。
2）托运人随附在运单上的单证丢失。
3）托运人押运和舱面货物发生非承运人责任造成的损坏、灭失。
4）货物包装经过加固整理。
5）收货人要求证明与货物数量、质量无关的其他情况。

2. 货损事故的处理

货物抵目的港后，一旦发生货损货差，水运部门应负赔偿责任。但《国内水路货物运输规则》第四十八条规定：凡属于下列原因引起的货运事故，水运部门不承担任何赔偿责任：①不可抗力。②货物的自然属性和潜在缺陷。③货物的自然减量和合理损耗。④包装不符合要求。⑤包装完好但货物与运单记载内容不符。⑥识别标志、储运指示标志不符合本规则第十八条、第十九条规定。⑦托运人申报的货物重量不准确。⑧托运人押运过程中的过错。⑨普通货物中夹带危险、流质、易腐货物。⑩托运人、收货人的其他过错。

承运人应当在约定期间或者在没有这种约定时在合理期间内将货物安全运送到约定地点。货物未能在约定或者合理期间内在约定地点交付的，为迟延交付。对由此造成的损失，承运人应当承担赔偿责任。承运人未能在规定期届满的次日起60日内交付货物，有权对货物灭失提出赔偿请求的人可以认为货物已经灭失。

资料卡

承运人在接到索赔人提出的赔偿要求时应审查：
1）索赔人提出索赔的时效。
2）索赔人的合法身份。
3）索赔应具有的单证等。
对经审查不合规定的赔偿要求，承运人应向索赔人说明理由，并退回赔偿要求书。

三、铁路货损事故处理

在铁路货物运输中，凡涉及铁路与发货人、收货人之间，或参加运送的铁路间、铁路内部各单位间发生货物损害时,应在事故发生当日编制记录,作为分析事故原因、确定责任的原始证明和处理赔偿的依据。

1. 货损事故记录的编制

货运事故记录分商务记录、普通记录和技术记录三种。

(1) 商务记录:商务记录是指在货物运送过程中对发生的货损、货差或其他不正常情况的如实记载,是具体分析事故原因、责任和请求赔偿的基本文件。在商务记录中,应确切地记载货物的实际情况和运送当时发现的不良状况,以及发生货物损坏的原因。记录中应列举事实,而不应包括关于责任问题和发生损失原因的任何判断。同时,对商务记录各栏内容应逐项填记。

(2) 普通记录:货物运送过程中,发现上述属商务情况以外的情况时,如有需要,车站应编制普通记录,普通记录不作为赔偿的依据。

(3) 技术记录:当查明货损原因系车辆状况不良所致,除编制商务记录外,还应按该货损情况编制有关车辆状态的技术记录,并附于商务记录内。

2. 货损事故的赔偿

(1) 赔偿请求的提出与受理:发货人和收货人均有权根据运输合同提出赔偿要求。发货人向发送站提出赔偿要求必须以书面形式提出,如需要委托代理人办理,则代理人必须出示发货人或收货人的委托书,以证明这种赔偿请求权是合法的。

自赔偿请求提出之日(凭发信邮戳或发送站在收到提出的赔偿请求书中出具的收据为凭)起,发送站必须在180天内审查此项请求,并对赔偿请求给予答复。

(2) 索赔的依据及有关文件:索赔人在向铁路部门提出赔偿时,必须同时出具下列文件:①一旦货物发生全部灭失,由发货人提出赔偿时,发货人应出具运单副本。如由收货人提出赔偿,则应同时出具运单副本和正本。②货物发生部分灭失、质变或毁损时,收货人和发货人均可提出索赔,同时应出具运单以及铁路到达站给收货人的商务记录。③货物发生运输延误时,应由收货人提出赔偿,并提交运单。④对于承运人多收运送费用的情况,发货人可按其已付款向承运人追回多收部分的费用,但同时应出具运单副本或铁路部门规定的其他有关文件。如由收货人提出追回多收费用的要求,则应根据其支付的运费为基础,同时还需出具运单。

在提出索赔的赔偿请求书上,除应附有运单或运单副本外,适当情况下还需附商务记录,以及能证明货物灭失、损坏和货物价值的文件。

3. 索赔时效

根据《最高人民法院关于审理铁路运输损害赔偿案件若干问题的解释》第十五条中的规定:"对承运中的货物、包裹、行李发生损失或者逾期,向铁路运输企业要求赔偿的请求权,时效期间适用铁路运输规章中180日的规定。自铁路运输企业交付的次日起计算;货物、包裹、行李全部灭失的,自运到期限届满后第三十日的次日起计算。但对在此期间内或者运到期限内已经确认灭失的,自铁路运输企业交给货运记录的次日起计算。"

四、公路货损事故处理

1. 货损事故责任的确定

承运人对自货物承运时起至交付货物期间内所发生的货物灭失、损害，是由于装卸、运输、保管以及交接过程中发生运输延误、灭失、损坏、错运等负赔偿责任。货损事故责任范围包括货损、货差、有货无票、运输过失及运输延误等。造成货损货差的其他原因，还有破包、散捆、票据编制过失等。

> **资料卡**
>
> 下列原因造成的货损事故，公路承运人不承担赔偿责任：
> 1）由于自然灾害发生的货物遗失或损失。
> 2）包装完整，但内容业已短少。
> 3）由于货物的自然特性所致。
> 4）根据卫生机关、公安、税务机关有关规定处理的货物。
> 5）由托运人自行保管、照料所引起的货物损害。
> 6）货物未过磅发生数量短少。

2. 货损事故记录的编制

货损货差商务事故记录的编制过程，一般根据下列要求进行：

1）事故发生后，由发现事故的运送站前往现场编制商务记录。如系重大事故，在有条件时还应通知货主一起前往现场调查，并分析责任原因。

2）如发现货物被盗，应尽可能保持现场，并由负责编制记录的业务人员或驾驶人员根据发现的情况会同有关人员作好现场记录。

3）对于在运输途中发生的货运事故，驾驶人员或押运人员应将事故发生的实际情况如实报告车站，并会同当地有关人员提供足够的证明，由车站编制一式三份的商务事故记录。

4）如货损事故发生于货物到达站，则应根据当时情况，会同驾驶人员、业务人员、装卸人员编制商务记录。

3. 货损事故的赔偿

受损方在提出赔偿要求时，首先应办理好赔偿处理手续，具体做法如下：

1）向货物的发站或到站提出赔偿申请书。

2）提出赔偿申请书的人必须持有有关票据，如行李票、运单、运票提货单等。

> **小知识**
>
> 货损货差的赔偿金额主要分三种情况进行计算：
> 1）发货前损失，应到达地同一品类货物的计划价或出厂价计算，已收取的运费也应予以退还。
> 2）到达后损失，应按货物运到当天同一品类货物的调拨价计算赔偿。
> 3）对价值较高的货物，则应按一般商品调拨价计算赔偿。

3）在得到责任方给予赔偿的签章后，赔偿申请人还应填写"赔偿要求书"，连同有关货物的价格票证，如发票、保单、货物清单等送交责任方。

教师演示

第一步：准备资料，《海牙议定书》中的第四条至第十条条款；《国内水路货物运输规则》；《国际铁路货物联运协定》中的第五章"铁路的责任"、第六章"赔偿请求、诉讼、赔偿请求时效"及《最高人民法院关于审理铁路运输损害赔偿案件若干问题的解释》；《国际公路运输合同公约》中的第四章"承运人的责任"、第五章"索赔和诉讼"、第六章"连续承运人履行运输的规定"。

第二步：举例说明上述条款中的重点条款。

第三步：准备货损事故的典型案例，组织学生讨论分析案例。

案例：

原告：东方海外货柜航运有限公司

被告：中国外运江苏集团公司苏州公司

2001年11月18日，华映公司与特灵公司签订了进口3套冷水机组的贸易合同，交货方式为FOB美国西海岸，目的地为吴江。2001年12月24日，买方华映公司就运输的冷水机组向人保吴江公司投保一切险，保险责任期间为"仓至仓条款"。同年12月27日，原告东方海外货柜航运有限公司从美国西雅图港以国际多式联运方式运输了装载于三个集装箱的冷水机组经上海到吴江。原告签发了空白指示提单，发货人为特灵公司，收货人为华映公司。货物到达上海港后，2002年1月11日，原告与被告以传真形式约定，原告支付被告陆路直通运费、短驳运费和开道车费用等共计9 415元，将提单下的货物交由被告，并由陆路运输至目的地吴江。事实上，被告并没有亲自运输，而是由上海吴淞汽车运输服务公司（以下简称"吴淞公司"）实际运输，被告向吴淞公司汇付了8 900元运费。同年1月21日货物到达目的地后，收货人发现两个集装箱破损，货物严重损坏。收货人依据货物保险合同向人保吴江公司索赔，保险公司赔付后取得代位求偿权，向原告进行追偿。原告与保险公司达成了和解协议，已向保险公司作出11万美元的赔偿。之后，原告根据货物在上海港卸船时的理货单记载"集装箱和货物完好"，以及集装箱发放、设备交接单（出场联和进场联）对比显示的"集装箱出堆场完好，运达目的地破损"，认为被告在陆路运输中存在过错，要求被告支付其偿付给保险公司的11万美元及利息损失。

焦点探究：

1）原、被告之间的法律关系如何界定？是陆路运输合同关系还是货运代理合同关系？

2）货物损失是否发生在陆路运输区段，被告是否应承担货损责任？

第四步：先将全班同学分组、分角色，并注意人员合理搭配，进行情景模拟训练。学会灵活处理货损事故中的一些问题，能够将所学习的理论与实践有机地结合起来。

学生动手

第一步：认真听取老师对上述各条款内容和各项条款的详细解释。

第二步：积极参与案例研讨，对案例中各种事件的处理找到相应条款，处理问题要有理、有据、有序。

第三步：主动进行情景模拟训练，注意礼仪规范和同学之间的密切配合，相互尊重，相互学习。

第四步：阅读下面资料，拓展知识面。

处理海运货损索赔案件的注意事项

在海上保险事故发生后被保险人和保险人的诉讼发生之前，双方当事人应掌握索赔理赔程序。这个程序大体上包括出险通知和施救、保险事故核实和保险金支付三个阶段。在实践中，这个过程往往是复杂琐碎的。而在这段索赔理赔过程中，我国法律关于这段索赔理赔程序上的规定操作性不强，具有不明确性，这是导致海上索赔理赔产生问题的深层次原因。所以，在处理货损索赔案件时应注意以下几点：

1）被保险人一经获悉被保险船舶发生事故或遭受损失，应在48小时内通知保险人，如船在国外，还应立即通知距离最近的保险代理人，并采取一切合理措施避免或减少保险承保的损失。航行途中没有通信设备的内河船舶应在到达第一港后48小时之内通知保险公司。被保险人还应该在组织实施打捞、救助的过程中与保险公司或其代理人保持联系，保存好关于打捞救助的书面文件。无论日后如何索赔、理赔，记录和保留有关事故的原始记录都十分重要。提单、收货单、过驳清单、卸货报告、货物溢短单、货物残损单、装箱单等均是货损事故处理和明确责任方的依据。货运单证上的批注是区分或确定货运事故责任方的原始依据。单证上的批注，即证明了承运人对货物的负责程度，也直接影响到货主的利益，如能否持提单结汇，能否提出索赔等。各方关系人为保护自己的利益和划清责任，应妥善保管这些书面文件。

2）根据法律规定，被保险人应在保险事故发生之日起两年内，向保险人提出赔偿请求，否则，将视为自愿放弃权益。因此，在事故发生后保险人应当尽快确定损失，在《中华人民共和国海商法》规定的时效期间内向保险公司提出索赔要求。这一点非常重要，因为海上事故的损失涉及的方面广，海损理算所耗费的时间长，有很多案件往往损失还没有确定下来，诉讼时效就已经届满了。因此，可以先预估一个损失金额，提起诉讼保住时效。《中华人民共和国海商法》关于诉讼时效的规定，虽然在一定程度上促进了当事人快速处理争议，避免了争议拖的时间过长，但也造成了一些问题，例如导致事实难以查清，给法院审理加大了难度，可能导致当事人的诉讼权利无法得到法律的有效保护。

举一反三

1. 简述国内水运货损事故处理。
2. 简述海运货损事故处理。

学习评价

被考评人					
考评地点					
考评内容	处理货损事故能力				
考评标准	内容	分值/分	自我评价/分	小组评议/分	实际得分/分
	基本理论掌握程度	40			
	理论运用灵活程度	30			
	解决问题的能力	20			
	讨论时的表现	10			
	合计	100			

注：1. 实际得分＝自我评价40%+小组评议60%。
    2. 考评满分为100分，60~74分为及格；75~84分为良好；85分以上为优秀（包括85分）。

任务三　了解国际集装箱多式联运保险

任务描述

国际货物运输保险是一种对被保险货物遭受承保范围内的损失时，保险人负赔偿责任的制度。它通常分为两种类型：一是运输货物保险；二是运输工具保险。根据不同的标准可以将国际货物运输保险分为若干类别：按照运输工具可以分为海上运输货物保险、陆上运输货物保险、航空运输货物保险、邮包运输货物保险；按照保险人承担的责任可以分为基本保险和综合保险。

任务目标

1．掌握国际集装箱多式联运保险涉及的范围，了解国际集装箱多式联运保险的主要特征。
2．明确海上运输货物基本险和附加险的责任范围。
3．了解陆上、航空、邮包运输货物保险。
4．明确集装箱全损险与综合险责任范围。

情景导入

中国抽纱公司上海进出口公司把从上海运往圣彼得堡的9 127箱玩具向中国太平洋保险公司上海分公司投保了一切险和战争险，责任期间是"仓至仓"。货物运抵目的地后，由于客户迟迟不付货款，中国抽纱公司上海进出口公司遂持正本提单到圣彼得堡提货，却提货不着。中国抽纱公司上海进出口公司认为这是保险合同约定的一种风险，为此提出索赔，但遭中国太平洋保险公司上海分公司拒绝。故请求按约定赔偿的货物损失550 508美元和延迟理赔期间的利息损失、诉讼费均由中国太平洋保险公司上海分公司负担。

知识储备

一、国际集装箱多式联运保险概述

国际集装箱多式联运保险承保的是运输货物从一国（地区）到另一国（地区）之间的"位移"风险。由于所承保的保险标的在整个运输过程中，无论是地理位置，还是运输工具以及操作人员等均频繁变更，使得承保标的时刻暴露在众多自然或人为的风险之中，因此与其他财产保险相比，多式联运运输保险具有事故发生频率高、运输保险人责任确定复杂等特点。

1. 国际集装箱多式联运保险涉及范围

（1）海运经营人：在某种意义上，由谁投保集装箱与谁拥有集装箱或对集装箱承担责任有关，如果该集装箱由船舶公司拥有，则应该由船舶公司进行投保，可采取的投保方式包括延长集装箱船舶保险期、扩大承保范围和单独的集装箱保险等。

（2）陆上运输经营人：陆上运输经营人通常是指国际货运代理人、公路承运人、铁路承运人等。当他们向货主或用箱人提供集装箱并提供全面服务时，必须对集装箱进行投保，以保护其巨额资金投入。

（3）租箱公司：在租箱业务中，不仅要确定租赁方式，而且还应确定由谁对集装箱进行投保。根据目前的实际情况看，无论是集装箱的长期租赁，还是程租，较为实际的做法是由租箱公司继续其保险，而向承租人收取费用。

（4）第三方责任：在集装箱多式联运过程中，除因箱子损坏而产生经济损失外，还有可能对第三方引起法律责任。由于对第三方的损失责任可能发生在世界任何用箱地，因此其签订的保险单也必须是世界范围内的。

2. 国际集装箱多式联运保险的特征

（1）事故发生的频率高，造成损失的数量大：国际集装箱多式联运以其安全、简便、优质、高效和经济的特点已广为国内外贸易界和运输业所接受，业务量迅猛增加。与此同时，由于其覆盖面广、涉及环节多，因而不可避免地使得货物在运输过程中发生事故的频率增加，造成的损失加大。

（2）集装箱多式联运保险具有国际性：国际集装箱多式联运保险的国际性主要表现在它涉及的地理范围超越了国家的界限。多式联运所涉及的保险关系方不仅包括供箱人、运箱人、用箱人和收箱人，而且还包括不同国家和地区的贸易承运人和货主等。

（3）运输保险人责任确定的复杂性：国际集装箱多式联运保险涉及多种运输方式，一般以海运为主体，铁路运输、公路运输以及内河运输等为辅。多式联运下货物损失赔偿的确定是一个非常复杂的问题。它不仅涉及保险合同本身的承保范围，同时也涉及与运输有关的货物承运人的责任问题。

二、海上运输货物保险

1. 基本险

海上运输货物基本险是海上运输货物保险的必选险种。基本险又分成平安险、水渍险和一切险三种。基本险的承保责任期间采用的是"仓至仓条款"，即保险责任自被保险货物远离保险单所载明的起运地（发货人仓库或储存处所）开始生效，包括正常运输过程中的海上、陆上、内河和驳船运输在内，直至该项货物到达保险单所载明目的地（收货人的仓库、储藏处或被保险人用作分配、分派、非正常运输的其他储存处）为止，但最长不超过被保险货物卸离海轮后60天。

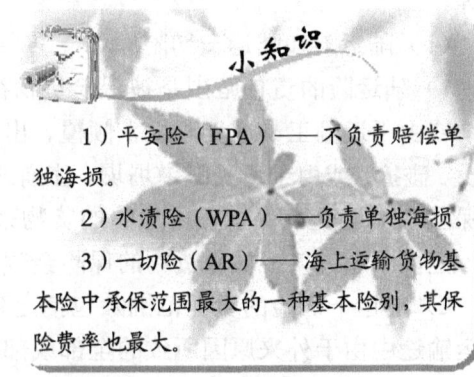

小知识

1）平安险（FPA）——不负责赔偿单独海损。

2）水渍险（WPA）——负责单独海损。

3）一切险（AR）——海上运输货物基本险中承保范围最大的一种基本险别，其保险费率也最大。

2. 附加险

附加险承保由外来风险所造成的损失，可分成一般附加险、特别附加险和特殊附加险。附加险不能单独投保，可在投保一种基本险的基础上，根据货运需要加保其中的一种或若干种。投保了一切险后，因一切险中已包括了所有一般附加险的责任范围，所以只需在特别附加险和特殊附加险中选择加保。

（1）一般附加险：一般附加险主要承保一般由外来原因引起的货物损失，也称普通附加险，它包括在一切险之中。若投保了一切险，就无须另行加保；若投保了平安险或水渍险，则由被保险人根据货物特性和运输条件选择一种或几种附加险，经与保险人协商后加保。

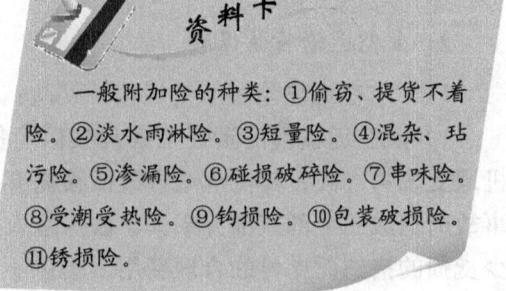

资料卡

一般附加险的种类：①偷窃、提货不着险。②淡水雨淋险。③短量险。④混杂、玷污险。⑤渗漏险。⑥碰损破碎险。⑦串味险。⑧受潮受热险。⑨钩损险。⑩包装破损险。⑪锈损险。

（2）特别附加险：特别附加险所承保的风险大多与国家的行政措施、政策法令、航海贸易习惯有关，它不包括在一切险范围，必须另行加保才能获得保障。

（3）特殊附加险：特殊附加险主要包括战争险和罢工险，是当前国际海上货物运输保险中普遍适用的险别。罢工险与战争险的关系密切，一般被保险人在投保战争险的同时加保罢工险。

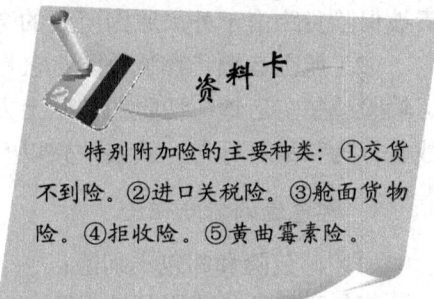

资料卡

特别附加险的主要种类：①交货不到险。②进口关税险。③舱面货物险。④拒收险。⑤黄曲霉素险。

三、陆上、航空、邮包运输货物保险

1. 陆上运输货物保险

陆上运输货物保险的承保对象是火车和汽车运输货物。结合陆上运输的特点，我国陆上运输货物保险的险别分为陆运险、陆运一切险、陆上运输冷藏货物险以及陆上运输货物战争险等。

（1）陆运险和陆运一切险：

1）陆运险的责任范围是被保险货物在运输途中遭受暴风、雷电、洪水、地震等自然灾害，或由于运输工具遭受碰撞、倾覆、出轨，或在驳运过程中因驳运工具遭受搁浅、触礁、沉没、碰撞，或由于遭受隧道坍塌、崖崩或失火、爆炸等意外事故所造成的全部或部分损失。被保险人对遭受承保责任内危险的货物采取抢救，防止或减少货损的措施而支付的合理费用，但以不超过该批被救货物的保险金额为限。

2）陆运一切险的责任范围除包括上列陆运险的责任外，陆运一切险还负责被保险货物在运输途中由于外来原因所致的全部或部分损失。

（2）陆上运输冷藏货物险：它是陆上运输货物保险中的一种专门保险，具有基本险的性质。保险人除负责陆运险所列举的自然灾害和意外事故所造成的全部损失和部分损失外，还负责赔偿由于冷藏机器或隔热设备在运输途中损坏所造成的被保险货物解冻溶化而腐败的损失。

（3）陆上运输货物战争险：陆上运输货物战争险是陆上运输货物险的一种附加险，只有在投保了陆运险或陆运一切险的基础上，经过投保人与保险人协商并经保险人同意后方可加保。陆上运输货物战争险目前只限于铁路运输，若使用汽车运输，不能投保。

2. 航空运输货物保险

（1）航空运输险和航空运输一切险：

1）航空运输险的责任范围是被保险货物在运输途中遭受雷电、火灾、爆炸，或由于飞机遭受恶劣气候、其他危难事故而被抛弃，或由于飞机遭受碰撞、倾覆、坠落或失踪等意外事故所造成的全部或部分损失。被保险人对遭受承保责任内危险的货物采取抢救，防止或减少货损的措施而支付的合理费用，但以不超过该批被救货物的保险金额为限。

2）航空运输一切险的责任范围除包括上列航空运输险的责任外，航空运输一切险还负责被保险货物由于外来原因所致的全部或部分损失。

（2）航空运输货物战争险：它是航空运输货物险的一种特殊附加险，只有在投保了航空运输险或航空运输一切险的基础上方可加保。航空运输货物战争险负责赔偿由于战争、类似战争行为和敌对行为、武装冲突以及各种常规武器，包括炸弹所造成的货物损失。

3. 邮包运输货物保险

（1）邮包险和邮包一切险：

邮包险的责任范围是被保险邮包在运输途中由于恶劣气候、雷电、海啸、地震、洪水等自然灾害，或由于运输工具遭受触礁、沉没、碰撞、倾覆、出轨、坠落、失踪，或由于失火、

爆炸等事故所造成的全部或部分损失。被保险人对遭受保险责任内危险的货物采取抢救，防止或减少货损的措施而支付的合理费用，但以不超过该批获救货物的保险金额为限。

邮包一切险的责任范围除包括上述邮包险的各项责任外，还负责被保险邮包在运输途中由于外来原因所致的全部或部分损失。

（2）邮包战争险：它是一种附加险，只有在投保了邮包险和邮包一切险的基础上，经过投保人与保险人协商并经保险人同意后方可加保。其责任范围是由于战争、类似战争行为、敌对行为、武装冲突或海盗行为以及常规武器，包括水雷、鱼雷、炸弹所致的损失。此外，还负责被保险人对遭受以上承保责任内危险的物品采取抢救、防止或减少损失的措施而支付的合理费用。

四、集装箱保险

1. 集装箱保险

集装箱保险一般分为全损险和综合险，当被保险集装箱发生损失时，保险公司按承保险别和相关条款规定负责赔偿。集装箱保险是赔偿因集装箱箱体的灭失、损坏而产生的经济损失的保险，一般是由集装箱所有人作为投保人，而在租赁集装箱情况下，则由租借人作为准所有人签订合同，另外，租借人也可以将其作为对所有人的赔偿责任加以投保，此时，租借人须签订赔偿责任保险的特约。

1) 集装箱全损险责任范围：集装箱的全部损失、集装箱的部分损失以及共同海损和救助费用的分摊。

2) 集装箱综合险的责任范围：集装箱的全部损失或部分损失。由于运输船舶的沉没、触礁、搁浅、碰撞引起的（包括同冰碰撞）及陆上或空中运输工具的碰撞、倾覆和其他意外事故或外来的火灾、爆炸造成的集装箱的机器部分损失。

2. 集装箱战争险

集装箱战争险责任范围：当被保险集装箱装在海轮、其他船舶或飞机上时，由于下列原因造成的损失、费用和责任，保险公司负责赔偿：①战争、敌对行为或武装冲突。②由于上款引起的拘留、扣押、没收或封锁，但是这种赔案必须从发生日起满三个月后才能受理。③各种常规武器，包括水雷、鱼雷或炸弹。

由于上述①、③原因所引起的共同海损的牺牲、分摊和救助费用，保险公司也负责赔偿。

 教师演示

第一步：准备材料，讲解保险的基本概念。保险关系人（投保人、被保险人、保险人、保险代理人、保险公证人）、投保、订立保险合同、交纳保险费、分保险、再保险、出险通知、理赔、委托、代位求偿原则、近因原则、损失补偿原则、可保利益原则。

第二步：获取资料，如《中华人民共和国海关对进出口集装箱和所装货物的监管办法》、《进出境集装箱检验检疫管理办法》等，让学生了解相关内容，扩大知识面。

第三步：准备国际货物运输保险的典型案例，组织学生讨论并分析案例。

学生动手

第一步：认真听取老师对保险所涉及的基本概念的讲解。
第二步：积极参与案例研讨，对案例中的各种事件的处理找到相应条款，做到处理问题有理、有据。
第三步：主动参与讨论，相互尊重，相互学习。
第四步：阅读下面资料，拓展知识面。

船舶保险

船舶保险是以船舶，包括其船壳、救生艇、机器、设备、仪器、索具、燃料和物料为保险标的保险业务。船舶保险分为基本险、附加险和特殊附加险三种，又可分为国内船舶保险和远洋船舶保险两大类。国内船舶保险的保险船舶范围：凡中华人民共和国国家、集体、个人所有，或他人共有的机动船舶与非机动船舶，但建造或修理中的船舶、试航的船舶、石油钻探船、失去航行能力的船，以及从事捕捞作业的渔船，都不在保险范围内。

举一反三

1. 简述国际集装箱多式联运保险的特征。
2. 简述集装箱保险的责任范围。

学习评价

被考评人					
考评地点					
考评内容		对国际集装箱多式联运保险的了解			
考评标准	内　　容	分值/分	自我评价/分	小组评议/分	实际得分/分
	获取资料信息准确性	40			
	获取资料信息相关性	20			
	学习的认真程度	20			
	讨论时参与的积极性	20			
	合　　计	100			

注：1. 实际得分＝自我评价40%＋小组评议60%。
　　2. 考评满分为100分，60～74分为及格；75～84分为良好；85分以上为优秀（包括85分）。

参 考 文 献

[1] 顾丽亚. 集装箱运输管理实务[M]. 北京：电子工业出版社，2008.

[2] 郭丽颖. 集装箱运输学[M]. 武汉：武汉理工大学出版社，2008.

[3] 杨茅甄. 集装箱运输实务[M]. 北京：高等教育出版社，2009.

[4] 樊琦. 国际货运代理与报关实务[M]. 上海：上海交通大学出版社，2008.

[5] 田聿新，杨永志. 集装箱运输系统与操作实务精讲[M]. 北京：中国海关出版社，2008.

[6] 陆华. 集装箱运输与多式联运[M]. 上海：上海交通大学出版社，2008.

[7] 张敏. 国际货运代理实务[M]. 北京：电子工业出版社，2008.